중국어의 맥을 짚어주는

맥 현대중국어

맥 중국어의 맥을 짚어주는
현대중국어

지은이·이주은
꾸민이·성상건
편집디자인·자연DPS

펴낸날·2019년 5월 10일
개정 증보 2쇄·2022년 2월 25일
개정 증보 3쇄·2023년 2월 23일
펴낸곳·도서출판 나눔사
주소·(우) 10270 경기도 고양시 덕양구 푸른마을로 15
     301동 1505호
전화·02)359-3429 팩스 02)355-3429
등록번호·2-489호(1988년 2월 16일)
이메일·nanumsa@hanmail.net

ISBN 978-89-7027-946-6-03720

값 15,000원
잘못된 책은 바꾸어 드립니다.

중국어의 맥을 짚어주는

맥 현대중국어

이주은 지음
서미령 감수

나눔사

(脈) 现代汉语(현대한어)는 发音篇(발음편)·会话篇(회화편)·核心语法篇(핵심어법편)·文化篇(문화편)으로 구성이 되어 있으며, 중국어를 처음 접하는 분들도 쉽고 재미있게 학습할 수 있도록 구성했습니다.

1) 发音篇(발음편)은 중국어의 성조와 발음에 있어서, 개론적인 내용을 잘 이해할 수 있도록 중급과 고급에서도 필수적으로 알아야 할 내용들을 쉽게 풀어서 설명했습니다.

2) 会话篇(회화편)은 중국에서 실제적으로 많이 사용하는 내용들을 주제로 하여 구성했습니다.

3) 核心语法篇(핵심어법편)에서는 중국어를 학습함에 있어서, 꼭 필요한 핵심어법 위주로 내용을 정리했습니다.

4) 文化篇(문화편)은 중국에 대한 이해를 돕기 위하여 필요한 내용들을 정리했습니다.

위의 내용들만 모두 숙지하여도 중국어의 초급과 중급 정도의 수준이 되도록 구성 및 편집을 했습니다. 특히 중국어를 처음 접하는 분들에게는 소중한 책이 될 것입니다. 또한 한어수평고시(汉语水平考试 HSK)를 준비하는 분이나 独学(독학)하시는 분들에게도 많은 도움을 줄 수 있을 것이라 기대됩니다.

❀ 일러두기

▲ 중국 인명과 지명의 표기는 『외래어 표기법』(국립국어원, 1986)을 따라 표기하도록 했다. 그러나 우리말에 관용적으로 사용되는 단어는 가독성을 고려하여 한자음(우리말 독음)으로 표기하였다.

▲ 간체자를 주로 사용하되, 필요한 경우에는 번체자도 함께 사용했다.

▲ 사진 출처를 별도로 명시하지 않은 것은 저자가 중국 여행하면서 직접 담아온 사진이다.

（脈）现代汉语 发音篇

● **目录**

(脈) 现代汉语 会话篇

● 目录

(脈) 现代汉语 语法篇
- (脈) 핵심어법

● 目录

≪ 中国 文化 探究 ≫

● 目录

(脈) 现代汉语 发音篇

1. 중국어(汉语) 에 대한 소개

1) 普通话(보통화) => 중국 북경에서 사용하는 표준어

2) 简体字(간체자) / 繁体字(번체자)

简体字	간략하게 쓴 한자체 (중국에서 사용)	说	门	饭
繁体字	정자체 (한국,대만,홍콩 등에서 사용)	說	門	飯

※ 简化字(간화자)란 중국 정부에서 공식적으로 규정하여 보급한 2,200여 개의 간체자를 지칭하는데, 일반적으로 이를 간체자라고 부른다.

3) 汉语拼音(한어병음) : 중국어의 발음표기법으로서, 로마자 기호에 성조(声调) 부호를 붙여서 나타내며, 알파벳 기호를 사용한다.

2. 성조(声调)

=> 음의 높낮이 => 4개의 성조 + 경성

▷ 1성 : 솔 - 솔 (5-5) : ─
▷ 2성 : 미 - 솔 (3-5) : ╱
▷ 3성 : 레-도-파 (2-1-4) : ∨
▷ 4성 : 솔 - 도 (5-1) : ╲

* 경성: 가볍고 짧게 발음하며, <u>성조 부호 표시 안 한다</u>.

（练习）=> 가족 호칭

1声 : 妈妈 [māma] , 哥哥 [gēge]
2声 : 爷爷 [yéye]
3声 : 奶奶 [nǎinai] , 姐姐 [jiějie]
4声 : 爸爸 [bàba] , 弟弟 [dìdi] , 妹妹 [mèimei]

3. 성조 연습

ma ー （妈）
ma ／ （麻）
ma ∨ （马）
ma ＼ （骂）

4. 声调 =》의미 변별 기능

예）我要买一本书 （나는 책 한 권을 사려고 한다.）
　　我要卖一本书 （나는 책 한 권을 팔려고 한다.）

▷ 买: 사다(매) -> 買 [mǎi] , 卖 : 팔다(매) -> 賣 [mài]
　（간체자） 　　（번체자） 　（간체자） 　　（번체자）

5. 반 3성 :

=> '레 (2) '에서 '도 (1) ' 까지 내려 왔다가, '파 (4) '로
　 다시 올라가지 않고, 다음 성조를 발음한다.

(연습) 我吃 (3성 + 1성) : wǒ chī

   我来 (3성 + 2성) : wǒ lái

   我去 (3성 + 4성) : wǒ qù

   我的 (3성 + 경성) : wǒ de

   cf) 3성 + 3성 => 발음할 때, 2성 + 3성

   Ni(3) + hao(3) 你好! => Ni (2) + hao(3)

6. 중국어의 **음절 구조** 익히기

=> 声母 + 韵母 + 声调

예시 비교)

한국어 : ㄱ + ㅏ = 가

중국어 : h + ao + v (3성) = hǎo

7. 성모(声母)

1) 입술 소리 (순음/ 唇音[chúnyīn])

 : b p m f

2) 혀끝 소리 (설첨음/舌尖音[shéjiānyīn])

 : d t n l

3) 혀뿌리 소리 (설근음/舌根音[shégēnyīn])

 : g k h

4) 혀바닥 소리 (설면음/<u>舌面音</u>[shémiànyīn])
   : j q x

5) 혀말은 소리 (권설음/<u>卷舌音</u>[juǎnshéyīn])
   : zh ch sh r

6) 혀와 잇소리 (설치음/<u>舌齿音</u>[shéchǐyīn])
   : z c s

8. 권설음 연습

祝你生日快乐~！！（唱歌；생일 축하 노래 부르기!!)
[<u>Zh</u>ù nǐ <u>sh</u>ēng<u>r</u>ì kuàilè]
<u>Ch</u>īfàn（吃饭）
Lǎo<u>sh</u>ī（老师）

cf) běn <u>z</u>i（本子）, Kǒng <u>z</u>ǐ（孔子）, ér <u>z</u>i（儿子）
    <u>c</u>í diǎn ：（词典）, gōng <u>s</u>ī ：（公司）

=> 설치음(혀와 잇소리) 연습

9. 기본 운모 (韵母)

   a o e i u ü

※ 이 중에서 <u>두 가지로</u> 발음되는 것:

◇ e : 1) 으(어) => en, eng, er
     2) 에 => ie, ei, üe

◇ i : 1) 이 => j, q, x + i   (j, q, x 의 <u>첫 번째</u> 비밀!!)
     2) 으 => zh, ch, sh, r + i
           z, c, s

10. i 练习

1) j, q, x + i （이） => (j, q, x 의 <u>첫 번째</u> 비밀!!)
    例）飞机 [fēijī]

2) zh, ch, sh, r + i (으)
      z, c, s
    例）吃饭 [chīfàn], 老师[lǎoshī], 本子[běnzi], 词典[cídiǎn]

11. 복합 (결합) 운모

ai	ei	ao	ou	an	en
ang	eng	ong	er	ia (ya)	ie (ye)
iao (yao)	iu[iou] (you)	ian (yan)	in (yin)	iang (yang)	ing (ying)
iong (yong)	ua (wa)	uo (wo)	uai (wai)	ui[uei] (uei)	uan (wan)
un[uen] (wen)	uang (wang)	ueng (weng)	üe (yue)	üan (yuan)	ün (yun)

12. 성조 표기법

1) 모든 성조는 <u>운모 위에</u> 표기한다.

例 : hǎo, bōluó, xuéxiào

2) 기본 운모 나열 순서대로 표기하되,
(=〉 a 〉 o 〉 e 〉 <u>i = u</u> 〉 ü)

but, i 와 u 는 <u>뒤에 오는 것에</u> 표기한다.

例 : liù (六), guì (贵)

13. 숨어 있는 운모 찾기

1) iu (iou) =〉 liù   (i<u>o</u>u) : 六
2) ui (uei) =〉 guì   (gu<u>e</u>i) : 贵
3) un (uen) =〉 kùn   (ku<u>e</u>n) : 困

14. <u>j q x</u> 비밀   =〉 (j, q, x 의 <u>두 번째</u> 비밀!!)

j
q   + <u>u</u> (ü)
x
y

练习) 玩具 [wánj<u>ù</u>], 你去哪儿 [nǐq<u>ù</u>nǎr], 学校 [xu<u>é</u>xiào],
拒绝 [j<u>ù</u>jué], 天气预报 [tiānqì y<u>ù</u>bào]

15. j q x y 보충설명

중국어 an의 발음은 한글의 '안'과 똑 같습니다.

'uan'의 발음은 '완'이 맞고요, (예: luan / guan / kuan 등)

그러나

j q, x, y의 뒤에서 'u'가 나오면 '우'의 발음이 아니라, 'ü'입니다.

중국어발음에서는 j, q, x, y의 뒤에서는 무조건 'ü'로 발음

즉, yuan 일때는 'uan' = 'üan' (yuan에서 'uan'은 실제로 'üan'입니다.)

예를 들면, juan = jüan / jue = jüe (j+üan은 실제로 juan로 표기합니다.)

16. "혼자는 외로워 **둘**이랍니당~!!"

○ 'i'가 단독으로 음절을 구성할 때,

=》 'yi'로 표기합니다.

○ 'u'가 단독으로 음절을 구성할 때,

=》 'wu'로 표기합니다.

○ 'ü'가 단독으로 음절을 구성할 때,

=》 'yu'로 표기합니다.

=> 위와 같은 표기방식은 우리말 모음인 'ㅏ'가 단독으로 음절을 구성할 때, '아'라고 표기하는 것과 같은 원리입니다.

17. 발음 방법에 따른 구분 (참고사항)

1) 성모에는 발음 시 입 밖으로 배출되는 입김의 강약에 따라, 送气·不送气의 구별이 있다. 이를 <u>有气音(유기음) · 无气音(무기음)</u> 이라고도 한다.
   예) b — p, d — t, g — k, j — q, zh — ch, z — c는
   (모두 不送气 — 送气로 짝지워 진 것)

2) 성모는 발음 방법에 따라 帶音·不帶音의 구별이 있다.

* 帶音은 성대가 떨리며 나오는 소리이고 * 不帶音은 성대가 떨리지 않고 나오는 소리

   이를 <u>有声音(유성음)</u>과 <u>无声音(무성음)</u>, 또는 <u>浊音</u>과 <u>清音</u>으로 말하기도 한다.

   중국어의 声母 가운데 <u>帶音은 「m·n·l·r」의 4개 뿐이고 그 나머지는 모두 不帶音</u>이다.

3) 「ian」은 「옌」과 같이 발음되므로 특히 유의해야 한다.

18. 발음 표기할 때 유의사항

1) <u>「i」로 시작되는 결합운모</u>, 즉 舌齿音类는 성모와 결합하지 않고 단독으로 쓰일 경우 다음과 같이 표기된다.

   a) 「i」를 없애고 그 대신 「y」로 바꾸어 표기한다.
      예) 「ia → ya」,「ie → ye」,「iao → yao」,「ian → yan」, 「iang → yang」, 「iong → yong」

b) 단 「i」와 「in」, 「ing」만은 「i」를 없애지 않고 그 앞에 「y」만 추가한다.

2) 「u」로 시작되는 결합운모, 즉 合口音类는 성모와 결합하지 않고 단독으로 쓰일 경우 다음과 같이 표기된다.

a) 「u」를 없애고 그 대신 「w」로 바꾸어 표기한다.
예)「ua → wa」,「uo → wo」,「uai → wai」,「uei → wei」, 「uan →wan」,「uen → wen」,「uang → wang」,「ueng → weng」

b) 단 「u」만은 그 앞에 「w」만 추가한다. 예) u → wu

3) 「ü」로 시작하는 결합운모, 즉 撮口音类 는 성모와 결합 하지 않고 단독으로 쓰일 경우 다음과 같이 표기된다.

a) 「ü」의 머리 위 두 점을 생략하고 그 앞에 「y」를 추가한다.
예)「üe → yue」,「üan → yuan」,「ün → yun」

b) 「ü」도 마찬가지 요령으로 표기된다. 예)「ü → yu」

19. 一[yī] 의 성조변화 (声调变化)

1) 단독으로 읽을 때
=》원래 성조인 1성으로 읽는다.

2) 4성과 경성 앞에 쓰이면, 2성으로 읽는다.

 =》 例) 一个 [yí ge], 一次 [yí cì]

3) 1, 2, 3성 앞에 쓰이면, 4성으로 읽는다.

 =》 例) 一瓶 [yì píng], 一本 [yì běn]

20. 不 의 성조변화

1) 원래 4성으로 발음한다.

 =》 例) 不好 [bù hǎo], 不忙 [bù máng], 不来 [bù lái]

2) 4성 앞에서 2성으로 변한다.

 =》 例) 不去 [bú qù], 不是 [bú shì], 不会 [bú huì]

21. 3성 의 성조변화 (声调变化)
=》실제 발음할 때, 성조의 변화

1) 3성 + 3성 =》 2성 + 3성   例) 你好!
2) 3성 + 3성 + 3성 =》 2성 + 2성 + 3성   例) 我很好!
3) 3성 + 3성 + 3성 + 3성 =》 2성 + 2성 + 2성 + 3성
                  =》 2성 + 3성(반3성) + 2성 + 3성
                      例) 我也很好!

cf) 3성 + 1성, 2성, 4성, 경성 =》반 3성으로 발음한다!!

22. 단어 속 성조연습

1) 一个 2) 不多 3) 不去

4) 你好 5) 很好 6) 我很好 7) 我也很好

23. 격음부호

a · o · e 로 시작하는 음절 앞에 다른 음절이 있을 경우, 모음끼리 부딪히는 것 방지하기 위해 사용한다.

=> 음절간의 경계를 분명히 하기 위해 [']라는 기호로 표시 한다.

例) 天安门 [Tiān'ānmén] , 可爱 [kě'ài]

(脉) 现代汉语 会话篇

第一课 你好！(안녕!)

** 인사말 익히기 **

1) 인사하기

    A : 你好！[Nǐ hǎo!]　（안녕하세요!）
    B : 你好！[Nǐ hǎo!]　（안녕하세요!）

    cf)　您好！[Nín hǎo!] （존칭 - 안녕하세요!）
        你好吗？[Nǐ hǎo ma?]　（잘 지내니?）

2) 감사합니다!

    A : 谢谢！　（감사합니다!）
        [Xiè xie!]
    B : 不客气！　（뭘요! / 천만에요!）
        [Bú kè qi!]

3) 미안합니다!

    A : 对不起！　（미안합니다!）
        [Duì bu qǐ!]
    B : 没关系！　（괜찮습니다!）
        [Méi guānxi!]

4) 유감입니다!

    A : 不好意思!　　(유감입니다!)
       [Bù hǎo yìsi!]
    B : 没事儿！ / 没关系！　(괜찮습니다!)
       [Méishìr!] / [Méi guānxi!]

** 인사말 연습하기 **

1) 상황 1 : 인사하기

2) 상황 2 : 감사합니다!

3) 상황 3 : 미안합니다!

4) 상황 4 : 유감입니다!

** 인사말 익히기 **

+ 아침인사 : 早上好!，早安!
      [Zǎoshang hǎo!], [Zǎo'ān!]
+ 저녁인사 : 晚上好!，晚安!
      [Wǎnshang hǎo!], [Wǎn'ān!]

+ 조심히 가세요~! ： 慢走!
　　　　　　　　　[Mànzǒu!]
+ 힘 내세요~!! (파이팅!!) : 加油~!
　　　　　　　　　[Jiāyóu!]
+ 안녕! (잘가!) - 헤어질 때 하는 인사 : 再见! [Zàijiàn!]

** 숫자 세기 **

一　二　三　四　五　六　七　八　九　十

【 yī　èr　sān　sì　wǔ　liù　qī　bā　jiǔ　shí 】

❀ 중국인의 숫자 세기 (손 모양으로 알아봅시다!)

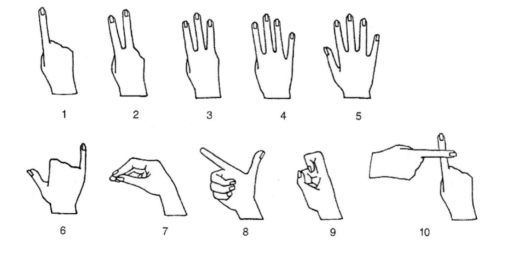

1　　　2　　　3　　　4　　　5

6　　　7　　　8　　　9　　　10

** 숫자 세기 연습**

二十五[èrshíwǔ]　　六十七[liùshíqī]　　四十四[sìshísì]

八十九[bāshíjiǔ]　　三十八[sānshíbā]　　七十三[qīshísān]

五十五[wǔshíwǔ]　　九十二[jiǔshíèr]

** 唱歌 (노래 연습) **

一个　两个　三个　小朋友，　四个　五个　六个　小朋友，
七个　八个　九个　小朋友，　第十个　小朋友　在哪儿？

（生词）

1) 个 [gè] : 번체 (個) / 낱 개
　　[ge] : [양사] 개, 명 (사람이나 사물에 쓰임)
2) 两 [liǎng] : (量) 둘, 두 개 (~个)
3) 小朋友 [xiǎo péngyou] : 꼬마 친구
4) 在哪儿 [zài nǎr] : 어디에 있나요?

第二课 你好吗？(잘 지내니?)

对话（一）你好吗？

A : <u>你</u>好吗？　（잘 지내니?）

　　[Nǐ hǎo ma?]

B : 我很好，你呢？　（나는 매우 잘 지내, 너는?）

　　[Wǒ hěn hǎo, nǐ ne?]

A : 我也很好。　（나도 매우 잘 지내.）

　　[Wǒ yě hěn hǎo.]

（교체연습）　你哥哥，他　：너의 오빠, 그

　　　　　　　[nǐ gēge , tā]

　　　　　　　你姐姐，她　：너의 언니(누나), 그녀

　　　　　　　[nǐ jiějie , tā]

　　　　　　　你爱人，他／她：남편 혹은 아내, 그／그녀

　　　　　　　[nǐ àiren , tā／tā]

（生词）

1) 我 [wǒ]：대) 1인칭, 나

2) 你 [nǐ]：대) 2인칭, 너

3) 他 [tā]：대) 3인칭, 그

4) 她 [tā]：대) 3인칭, 그녀

5) 爱人 [àiren]：명) 남편 또는 아내.

6) 很 [hěn]：부) 매우, 아주

7) 也 [yě]：부) 또한, 역시

8. 吗 [ma] : 의문을 나타내는 어기조사

9. 呢 [ne] : 의문의 어기를 나타내는 조사 (주로 되물을 때 사용)

* 인칭대명사 *

1 인칭 대명사	我 [Wǒ] : 나	我们 [Wǒmen] : 우리들 (1인칭 복수)
2 인칭 대명사	你 [Nǐ] : 너	你们 [Nǐmen] : 너희들 (2인칭 복수)
3 인칭 대명사	他 [Tā] : 그	他们 [Tāmen] : 그들 (3인칭 복수)
3 인칭 대명사	她 [Tā] : 그녀	她们 [Tāmen] : 그녀들 (3인칭 복수)
3 인칭 대명사	它 [Tā] : 그것 (사물,동물을 가리킴)	它们 [Tāmen] : 그것들 (3인칭 복수)
* 们 [men] : 복수를 나타내는 접미사		

对话（二）他们都很好！

A : 你 爸爸 , 妈妈都好吗 ?　　（엄마, 아빠 모두 안녕하세요?)
　　[Nǐ bàba, māma dōu hǎo ma?]

B : 他们都很好 !　　（그들도 모두 매우 잘 지내세요!)
　　[Tāmen dōu hěn hǎo!]

替)　你弟弟 , 妹妹　　（너 남동생, 여동생）
　　[nǐ dìdi , mèimei]
　　他们　　（그들）
　　[tāmen]

（生词）

1) 弟弟 [dìdi] : 남동생
2) 妹妹 [mèimei] : 여동생

* 都 [dōu] : [부사] 모두. 다. 전부

对话 (三) 你忙吗？

A : 你忙吗？　（너 바쁘니?）
　　[Nǐ máng ma?]
B : 我很忙。　（나는 매우 바빠）
　　[Wǒ hěn máng.]

替） 累 , 饿 , 渴 , 冷 , 热
　　[lèi , è , kě , lěng , rè]

　+ 不太忙　（나는 그다지 바쁘지 않아）
　　[bútài máng]
　+ 不忙　（나는 바쁘지 않아）
　　[bù máng]

（生词）

1) 忙 [máng] : 형) 바쁘다.
2) 累 [lèi] : 형) 피곤하다.
3) 饿 [è] : 형) 배고프다. 굶주리다.
4) 渴 [kě] : 형) 목마르다.

5) 冷 [lěng] : 형) 춥다.

6) 热 [rè] : 형) 덥다.

7) 不 [bù] : 부) 부정을 나타냄.

8) 不太 [bú tài] : 그다지 … 하지 않다.

《 안부 묻기 》

A : 您好！   (안녕하세요!)

  [Nín hǎo!]

B : 您好！   (안녕하세요!)

  [Nín hǎo!]

A : 你最近怎么样？   (최근에 어떻게 지내세요?)

  [Nǐ zuìjìn zěnmeyàng?]

B : 还可以。 (그럭저럭 잘 지내요.)

  [Háikěyǐ.]

A : 你身体好吗？   (당신의 몸(건강)은 어떻습니까?)

  [Nǐ shēntǐ hǎo ma?]

B : 很好, 你呢？   (매우 좋습니다. 당신은요?)

  [Hěn hǎo, nǐ ne?]

A : 我也很好。   (저도 매우 좋습니다.)

  [Wǒ yě hěn hǎo.]

** 어법 (语法) **

((중국어의 기본 어순))

=> <u> S </u> + <u> V </u> + <u> O </u>
　　(주어)　(술어)　(목적어)

例)

我吃饭。 [Wǒ chī fàn.] : 나는 밥을 먹는다.
爸爸看书。 [Bàba kàn shū.] : 아빠는 책을 본다.
我喝咖啡。 [Wǒ hē kāfēi.] : 나는 커피를 마신다.

1. 동사술어문
   => 동사가 술어가 되는 문장

例) 我<u>是</u>韩国人。 　(긍정) : 나는 한국인이다.
   [Wǒ shì Hánguórén.]
   　我<u>不是</u>中国人。 (부정) : 나는 중국인이 아니다.
   [Wǒ búshì Zhōngguórén.]

2. 형용사술어문
   => 형용사가 술어가 되는 문장

例) 她很<u>漂亮</u>。 　(긍정) : 그녀는 매우 예쁘다.
   [Tā hěn piàoliang.]
   　我<u>不忙</u>。 　　(부정) : 나는 바쁘지 않다.
   [Wǒ bù máng.]

((중국어의 의문문))

1) 문장 끝에 吗？사용
2) 의문사 사용
3) 긍정 + 부정 => 정반 의문문

(例)
1) 你好吗？(잘 지내니?)　　你吃饭了吗？(밥 먹었니?)
  [Nǐ hǎo ma?]　　　　　[Nǐ chī fàn le ma?]
2) 你几岁？(몇 살이니?)　　你叫什么名字？(이름이 무엇입니까?)
  [Nǐ jǐ suì?]　　　　　　[Nǐ jiào shénme míngzi?]
3) 你忙不忙？(바쁘니?)　　你热不热？(덥나요?)
  [Nǐ máng bu máng?]　　[Nǐ rè bu rè?]

第三课 您贵姓？
(성씨가 어떻게 되나요?)

(一) 你叫什么名字？

1. 성씨를 공손하게 물어보는 표현

    A : 您贵姓？　(당신은 성씨가 어떻게 되십니까?)
    　　[Nín guì xìng?]
    B : 我姓李。　(저의 성은 '이'입니다)
    　　[Wǒ xìng Lǐ.]

(替) 李 , 金 , 朴 , 王 , 张 , 尹, 洪, 刘, 徐, 崔, 卢 ; [Lǐ, Jīn, Piáo, Wáng, Zhāng, Yǐn, Hóng, Liú, Xú, Cuī, Lú]

2. 윗사람 -> 아랫사람, 혹은 동년배끼리 상대방의 이름을 물어볼 때 쓰는 표현.

    A : 你叫什么名字？　(당신의 이름이 무엇입니까?)
    　　[Nǐ jiào shénme míngzi?]
    B : 我叫王明。　(저는 왕명이라고 합니다.)
    　　[Wǒ jiào Wáng Míng.]

3. 처음 만났을 때 하는 인사말

    A : 认识你 , 很高兴!　(당신을 알게 되어, 매우 기쁩니다!)
    　　[Rènshi nǐ, hěn gāoxìng!]

B : 我也很高兴。　（저도 매우 기쁩니다.）
　　[Wǒ yě hěn gāoxìng.]

4. 상대방이나 제 3자에게 격식 없이 물어보는 표현

　　A : 他是谁？　（그는 누구니?）
　　　　[Tā shì shuí(shéi)?]
　　B : 他是我的朋友。　（그는 나의 친구야）
　　　　[Tā shì wǒ de péngyou.]
　　A : 她是谁？　（그녀는 누구니?）
　　　　[Tā shì shéi?]
　　B : 她是我的同学。　（그녀는 나의 같은 반 친구야）
　　　　[Tā shì wǒ de tóngxué.]

*（替）同学 [tóngxué] : 동학（같은 반 급우）

　　A : 他姓什么？　（그는 성이 무엇이니?）
　　　　[Tā xìng shénme?]
　　B : 他姓赵。　（그의 성은 '조' 씨야）
　　　　[Tā xìng Zhào.]

（生词）

1) 姓 [xìng] : 명) 성(씨), 동) 성이 …이다. …을 성으로 하다.
2) 叫 [jiào] : ~라고 불리워지다.
3) 高兴 [gāoxìng] : 형) 기쁘다. 유쾌하다. 즐겁다.
4) 谁 [shéi] : (의문대명사) 누구 / 哪 [nǎ]: 어느

　　　　　　　　cf) 那 [nà] : (지시대명사) 그, 저

5) 朋友 [péng you] : 명) 친구

6) 同学 [tóngxué] : 명) 같은 반 친구

7) 认识 : 형) 알다. 인식하다.

** 회화 연습 **

A : 你好! （您好！）
　　[Nǐ hǎo!]　[Nín hǎo!]

B : 你好! （您好！）
　　[Nǐ hǎo!]　[Nín hǎo!]

A : 您贵姓？
　　[Nín guì xìng?]

B : 我姓李。
　　[Wǒ xìng Lǐ]

A : 你叫什么名字？
　　[Nǐ jiào shénme míngzi?]

B : 我叫_____
　　[Wǒ jiào _____.]

A : 认识你，很高兴。
　　[Rènshi nǐ, hěn gāoxìng.]

B : 我也很高兴。
　　[Wǒ yě hěn gāoxìng.]

（二）你是哪国人？

A : 你是哪国人？ （너는 어느 나라 사람이니?）
  [Nǐ shì nǎ guórén?]
B : 我是中国人。 （나는 중국인이야）
  [Wǒ shì Zhōngguórén.]
A : 你是韩国人吗？ （너는 한국인이니?）
  [Nǐ shì Hánguórén ma?]
B : 我不是韩国人，我是中国人。 （나는 한국인이 아니고, 중국인이야）
  [Wǒ búshì Hánguórén, wǒ shì Zhōngguórén.]

替 ） 美国人[Měiguórén] : 미국인, 日本人[Rìběnrén] : 일본인,
  英国人[Yīngguórén] : 영국인, 法国人[Fǎguórén] : 프랑스인,
  德国人[Déguórén] : 독일인, 加拿大人[Jiānádàrén] : 캐나다인

（三）你属什么？

A : 你属什么？ （당신은 무슨 띠인가요?）
  [Nǐ shǔ shénme?]
B : 我属鸡。 （저는 닭띠입니다.）
  [Wǒ shǔ jī.]

（生词）

1) 你 [nǐ] : 너
2) 属 [shǔ] : 띠가 ~ 이다. (십이지의 띠)
3) 什么 [shénme] : (의문대명사) 무엇, 무슨

4) 鼠 [shǔ] : 쥐

5) 牛 [niú] : 소

6) 虎 [hǔ] : 호랑이

7) 兔 [tù] : 토끼

8) 龙 [lóng] : 용

9) 蛇 [shé] : 뱀

10) 马 [mǎ] : 말

11) 羊 [yáng] : 양

12) 猴 [hóu] : 원숭이

13) 鸡 [jī] : 닭

14) 狗 [gǒu] : 개

15) 猪 [zhū] : 돼지

● 중국어로 자신의 띠를 연습해 봅시다!

〈 중국에서 사용하는 성(姓)씨 〉

* 중국에서 가장 많이 사용하는 성씨는 이(李)씨이고, 그 다음으로는 왕(王), 장(张)씨 순으로 나타났다.
* 중국의 10대 성씨는 이 세 성씨를 포함하여 리우(刘), 천(陈), 양(杨), 황(黄), 자오(赵), 우(吴), 저우(周) 씨이다.
* 어디에나 흔히 있는 평범한 사람들을 가리키는 중국 成語 '장싼리쓰(张三李四)' 라는 말은 바로 장(张)씨와 리(李)씨가 가장 흔한 성씨임을 보여준다.

그렇다면 중국의 희귀한 성으로는 어떤 것이 있을까?

* 가장 적은 성씨는 난(难)씨이고 그 밖에 쓰(死), 헤이(黑), 두(毒)씨 등도 있으니, 중국인들이 싫다고 회피하는 이러한 글자를 성씨에 쓰고 있다는 사실이 신기하기만 하다.

休息一下！
(휴게실; 실크로드 엿보기)

<밍쓰산(鳴沙山) : 바람이 한 방향을 불어와 생긴 능선이 매우 아름답다!>

< 양가죽을 이용하여 황하강을 건널 때 사용하는 뗏목을 만든다. >

♀ 인터뷰와 자기소개

〈 가족 수와 가족 구성원 묻고 답하기 〉

A : 你家有几口人？ (너희 집은 몇 식구이니?)
   [Nǐ jiā yǒu jǐkǒu rén?]

B : 我家有五口人。 (우리 집은 다섯 식구야.)
   [Wǒjiā yǒu wǔkǒu rén.]

A : 你家有什么人？ (너희 집은 식구가 어떻게 되니?)
   [Nǐjiā yǒu shénme rén?]

B : 爸爸， 妈妈， 一个哥哥， 一个弟弟和我。 (아빠, 엄마, 형,
   남동생 그리고 나야.)
   [Bàba , māma , yíge gēge , yíge dìdi hé wǒ.]

〈 나이를 묻는 표현 익히기 〉

1) 10세 미만의 어린아이에게

A : 你今年几岁 (了) ？ (몇 살이니?)
   [Nǐjīnnián jǐsuì (le) ?]
B : 我六岁。 (저는 6살이에요.)
   [Wǒ liùsuì.]

2) 10살 이상이나 동년배에게

A : 你今年多大（了）？ （나이가 어떻게 되세요?)
　　[Nǐ jīnnián duō dà (le)?]
B : 十五岁。 （저는 15살입니다.)
　　[Shíwǔsuì.]

3) 윗 어르신이나 선생님, 혹은 연세가 많은 어른께

A : 您今年多大年纪（了）？ （연세가 어떻게 되십니까?)
　　[Nín jīnnián duōdà niánjì （le）?]
B : 七十三。 （저는 73세입니다.)
　　[Qīshísān.]

（生词）

1) 几 [jǐ] : (의문대명사) 몇 (10 미만의 수)
2) 口 [kǒu] : (양사) 식구 수를 세는 양사
3) 个 [ge] : (양사) 사람과 사물 모두 사용되는 양사
4) 和 [hé] : (접속사) 그리고, ~와
5) 岁 [suì] : ~세, ~살 （歲 의 간체자）
6) 多大 [duōdà] : 얼마나 나이가 많은 지 묻는 표현

（참고）

* 얼마나 ~ 한가?

1) 多高 [duōgāo]？ (키를 묻는 표현; 얼마나 키가 큰 가?)

A : 你哥哥多高？(오빠는 키가 어떻게 되니?)
　　[nǐ gēge duōgāo?]

B : 一米八十。(1미터 80cm입니다.)
　　[yīmǐ bāshí.]

2) 多重[duōzhòng]？(무게를 묻는 표현; 얼마나 무게가 나가는가?)

A : 你妹妹多重？(여동생은 몸무게가 어떻게 되니?)
　　[nǐ mèimei duōzhòng?]

B : 53公斤。(53kg 입니다.)
　　[wǔshísān gōngjīn.]

자기 소개 연습

=> 본인의 경우를 말해보세요!

1) 나이

   A : 你今年多大 (了) ?　　(나이가 어떻게 되세요?)
     [Nǐ jīnnián duō dà (le)?]
   B : 十五岁。　　15세입니다.
     [Shíwǔsuì.]

2) 국적

   A : 你是哪国人？　　(당신은 어느 나라 사람입니까?)
     [Nǐ shì nǎ guórén?]
   B : 我是中国人。　　(저는 중국인입니다.)
     [Wǒ shì Zhōngguórén.]

3) 띠

   A : 你属什么？ (당신은 무슨 띠인가요?)
     [Nǐ shǔ shénme?]
   B : 我属鸡。 (저는 닭띠입니다.)
     [Wǒ shǔ jī.]

4) 식구 수와 식구 구성원

A : 你家有几口人？　　(당신은 몇 식구입니까?)
   [Nǐ jiā yǒu jǐkǒu rén?]
B : 我家有五口人。　　(우리 집은 다섯 식구입니다.)
   [Wǒjiā yǒu wǔkǒu rén.]

A : 你家有什么人？ （식구가 어떻게 되세요?）
　　[Nǐjiā yǒu shénme rén?]

B : <u>爸爸， 妈妈， 一个哥哥， 一个弟弟和我。</u> （아빠, 엄마, 형,
　남동생 그리고 저입니다.）
　　[Bàba, māma, yíge gēge, yíge dìdi hé wǒ.]

5) 인사말

　A : 认识您, 很高兴! （당신을 알게 되어, 매우 기쁩니다.）
　　　[Rènshi nín, hěn gāoxìng!]

　B : 认识你, 我也很高兴! （당신을 알게 되어, 저도 기뻐요.）
　　　[Rènshi nǐ, wǒ yě hěn gāoxìng!]

6) 기타

第四课 你吃什么？(무엇을 먹을래요?)

（生词）

1) 吃 [chī] : 동) 먹다

2) 饺子 [jiǎozi] : 명) 만두

3) 米饭 [mǐfàn] : 명) 밥

4) 面条 [miàntiáo] : 명) 국수

5) 面包 [miànbāo] : 명) 빵

6) 包子 [bāozi] : 명) (소가 든) 찐빵.

7) 馒头 [mántou] : 명) 만터우. 찐빵. [소를 넣지 않고 밀가루만을
발효시켜 만든 것]

8) 喝 [hē] : 명) 마시다.

9) 茶 [chá] : 명) 차

10) 咖啡 [kāfēi] : 명) 커피

11) 牛奶 [niúnǎi] : 명) 우유

12) 可口可乐 [kěkǒukělè] : 명) 콜라

13) 饮料 [yǐnliào] : 명) 음료

14) 啤酒 [píjiǔ] : 명) 맥주

15) 奶茶 [nǎichá] : 명) 밀크티

16) 买 [mǎi] : 명) 사다.

17) 本子 [běnzi] : 명) 노트

18) 书包 [shūbāo] : 명) 책가방

19) 词典 [cídiǎn] : 명) 사전

20) 书 [shū] : 명) 책

21) 笔 [bǐ] : 명) 필기구

22) 铅笔 [qiānbǐ] : 명) 연필

（一）你吃什么？

A : 你吃什么？　（너는 무엇을 먹을래?）
　　[Nǐ chī shénme?]

B : 我吃饺子。　（나는 만두 먹을래）
　　[Wǒ chī jiǎozi.]

替) 包子[bāozi]，米饭[mǐfàn]，面条[miàntiáo]，面包[miànbāo]

（二）你喝什么？

A : 你喝什么？　（너는 무엇을 마실래?）
　　[Nǐ hē shénme?]

B : 我喝啤酒。（나는 맥주 마실래）
　　[Wǒ hē píjiǔ.]

替) 可乐[kělè]，茶[chá]，咖啡[kāfēi]，牛奶[niúnǎi]，饮料[yǐnliào]，
　　奶茶[nǎichá]

（三）你买什么？

A : 你买什么？　（너는 무엇을 살래?）
　　[Nǐ mǎi shénme?]

B : 我买书。（나는 책을 살래）
　　[Wǒ mǎi shū.]

替) 词典[cídiǎn]，书包[shūbāo]，笔[bǐ]，铅笔[qiānbǐ]，本子[běnzi]

《단어 체크》

1) 面包 [miànbāo] :

2) 米饭 [mǐfàn] :

3) 茶 [chá] :

4) 牛奶 [niúnǎi] :

5) 啤酒 [píjiǔ] :

6) 本子 [běnzi] :

7) 书包 [shūbāo] :

8) 饮料 [yǐnliào] :

9) 包子 [bāozi] :

10) 饺子 [jiǎozi] :

11) 咖啡 [kāfēi] :

12) 可乐 [kělè] :

13) 词典 [cídiǎn] :

14) 书 [shū] :

15) 笔 [bǐ] :

16) 铅笔 [qiānbǐ] :

** 대화연습(对话 练习) **

A : 你吃什么？
B : 我吃包子。
A : 你喝什么？
B : 我喝咖啡。

A : 你买什么？
B : 我买书。

《语法 复习》

1. 生词
2. 句子
3. 语法 ：S + V + O

** 중국어의 의문문 만들기 **

---

1) 문장 끝에 吗? [ma?] 사용
2) 의문사 사용 ; 什么 [shénme] , 几 [jǐ] , 多少 [duōshao]
3) 긍정 + 부정 => 정반(正反) 의문문

생활 토크 (회화 플러스)

=> 회화를 통한 실제상황 연습하기

〈 디저트 골라 먹기 〉

A : 你想吃什么？ (당신은 무얼 먹고 싶나요?)
　　[Nǐ xiǎng chī shénme?]

B : 我想吃 ------- (저는 _____을 먹고 싶어요)
　　[Wǒ xiǎng chī -----.]

替) 喝[hē], 买[mǎi]

(生词)

1) 三明治 [sānmíngzhì] : 샌드위치
2) 蛋糕 [dàngāo] : 케잌
3) 巧克力 [qiǎokèlì] : 초콜릿
4) 美式咖啡 [měishìkāfēi] : 아메리카노
5) 汉堡包 [hànbǎobāo] : 햄버거
6) 比萨饼 [bǐsàbǐng] : 피자
7) 想 [xiǎng] : ~하고 싶어하다 (조동사) ; 뒤에 본동사가 나온다.

** 음식 주문하기 **

服务员: 您要点什么菜？ (어떤 요리를 주문하려고 합니까?)
　　　　[Nín yào diǎn shénme cài?]

客人 ： 我先看看菜单。(먼저 메뉴판을 좀 볼게요.)
  [Wǒ xiān kànkan càidān.]
  你们这儿的特色菜（招牌菜）是什么？（이 음식점은 어떤 요리가 유명합니까?)
  [Nǐmen zhèr de tèsècài（zhāopáicài）shì shénme？]

服务员 ： 鱼香肉丝挺好吃的。（鱼香肉丝 가 매우 맛있어요.)
  [Yúxiāngròusī tǐnghǎochī de.]

客人 ： 好的。来一盘鱼香肉丝。（좋아요, 鱼香肉丝 한 접시 주세요.)
  [Hǎo de，lái yìpán yúxiāngròusī.]

服务员 ： 您还要点什么？（또 다른 주문이 있습니까?)
  [Nín háiyào diǎn shénme?]

客人 ： 来一盘宫保鸡丁吧。（宫保鸡丁 한 접시 주세요)
  [Lái yìpán gōngbǎojīdīng ba.]
  请不要放香菜。（香菜를 빼주세요)
  [Qǐng búyào fàng xiāngcài.]

服务员 ： 您（想）要喝什么饮料？（어떤 음료를 마시고 싶으세요?)
  [Nín (xiǎng) yào hē shénme yǐnliào?]

客人 ： 来两瓶啤酒。（맥주 두병 주세요.)
  [Lái liǎngpíng píjiǔ.]

（生词）

1）要 [yào] : ~하려고 하다. (조동사) ; 뒤에 본동사가 나온다.
　　　　　cf) 본동사 : 원하다. 요구하다. 필요로 하다.
2）拿 [ná] : (동사) (손으로) 잡다. (손에) 쥐다. 가지다.
3）点 [diǎn] : (동사) 주문하다.
4）菜单 [càidān] : (명사) 메뉴판
5）特色菜[tèsècài] : 특색 있는 요리
　　招牌菜[zhāopáicài] : 간판 요리
6）盘 [pán] : (명사) 접시
7）瓶 [píng] : (양사) ~병
8）宫爆鸡丁 [gōngbǎojīdīng] : (뜨거운 기름에 네모지게 썬 닭고기·
　　　　　　　　　　　　 야채·땅콩 등을 넣어 볶은 요리)

< 宫爆鸡丁 >

< 鱼香肉丝 >

（替）鱼香肉丝 [yúxiāngròusī] : 돼지살코기볶음(물고기향소스 사용)
　　鸡肉盖饭 [jīròu gài fàn] : 닭고기덮밥
　　牛肉盖饭 [niúròu gài fàn] : 소고기덮밥

* 请 시리즈 (~해 주세요)
　1） 请进 [qǐng jìn] : 들어오세요.
　2） 请坐 [qǐng zuò] : 앉으세요.

중국의 먹거리 탐방

1) 딤섬(点心)

〈 딤섬(点心) 〉

　한문으로 쓰면 점심(点心)으로 원래 '마음에 점을 찍는다'는 뜻이지만 간단한 음식이라는 의미로 쓰인다. 기원은 3,000년 전부터 중국 남부의 광둥지방에서 만들어 먹기 시작했다. 중국에서는 코스요리의 중간 식사로 먹고 홍콩에서는 전채 음식, 한국에서는 후식으로 먹는다.

　기름진 음식이기 때문에 차와 함께 먹는 것이 좋으며 담백한 것부터 먼저 먹고 단맛이 나는 것을 마지막으로 먹는 게 좋다.

　모양과 조리법에 따라 부르는 이름이 여러 가지이며 작고 투명한 것은 교(餃), 껍질이 두툼하고 푹푹한 것은 파오(包), 통만두처럼 윗부분이 뚫려 속이 보이는 것은 마이(賣)라고 한다. 속재료로는 새우·게살·상어지느러미 등의 고급 해산물을 비롯하여 쇠고기·닭고기 등의 육류와 감자·당근·버섯 등의 채소, 단팥이나 밤처럼 달콤한 앙금류 등을 사용한다.

2) 훈툰(馄饨)

〈 훈툰(馄饨) 〉

　중국 북방의 민간 전통음식이다. 우리나라의 만둣국과 비슷하지만 크기가 작고 피가 훨씬 얇기 때문에 먹을 때 촉감이 매우 부드럽고 먹기가 좋다.

3) 지엔빙궈즈(煎饼果子)

산둥성 타이안(泰安)에서 시작되었다고 알려져 있다. 서양의 팬케이크 정도에 해당하는 음식이다. 발효한 밀가루를 물에 풀어 달궈진 철판 위에 계란을 깨뜨려 다양한 소스를 취향에 따라 발라 먹는다. 길거리에서도 손에 들고 먹을 수 있어서 젊은이들이 많이 선호하며 바쁜 아침 메뉴로도 좋아하는 편이다.

〈 지엔빙궈즈(煎饼果子) 〉

4) 마라탕(麻辣烫)

중국쓰촨 지역에서 유행한 유래한 중국의 음식으로, 맵고 얼얼한 탕 요리이다.

마라탕에는 다양한 방식이 있다. 마라탕의 기원인 쓰촨 지역의 경우 식당에서는 훠궈와 비슷한 마라탕을 먹으며, 길거리에서는 미리 마련된 육수에 꼬치를 샤브샤브처럼 담갔다가 익히는 방식으로 먹는다.

〈 마라탕(麻辣烫) 〉

마라 향신료에는 육두구, 화자오, 후추, 정향, 팔각 등이 첨가돼 마취를 한 듯 얼얼하면서 독특한 맛을 내고, 중독적인 마성의 맛으로 꾸준히 인기를 끌고 있다.

중국에서는 마라가 들어간 탕 요리인 마라탕과 각종 재료를 마라 소스에 볶아 만든 요리인 마라샹궈, 마라 소스에 민물 가제를 볶아 만든 마라롱샤 등 다양한 요리를 즐겨 먹고 있으며, 최근 한국에서도 다양한 마라 음식점들이 생겨 즐기는 사람들이 늘어나고 있다.

** 오늘은 내가 쏜다~!! **

A : 我们一起去吃饭吧。　(우리 함께 밥 먹으러 가자.)
　　[Wǒmen yìqǐ qù chīfàn ba.]
　　今天我请客。　(오늘은 내가 쏠게)
　　[Jīntiān wǒ qǐngkè.]

B : 你想吃什么?　(너는 무엇을 먹고 싶니?)
　　[Nǐ xiǎng chī shénme?]
　　我们AA制吧。　(우리 각자 더치페이 하자.)
　　[Wǒmen AA zhì ba.]

（生词）

1) 请客 [qǐngkè] : (동사) 접대하다. 초대하다. 한 턱 내다.
2) AA制 [AAzhì] : 더치페이 : 各自付款 [gèzìfùkuǎn]
　 => 더치페이 합시다.

（문장 플러스）

1) 我请客。[Wǒ qǐngkè.] : 내가 살게.
2) 请客送礼物。[Qǐngkè sòng lǐwù.] : 손님을 초대하고 선물을
　　　　　　　　　　　　　　　　　　증정하다.
3) 轮流请客。[Lúnliú qǐngkè.] : 돌려가며 한 턱 내다.

* 好 시리즈

1) 好吃 [hǎochī] : 음식이 맛이 좋다.
2) 好喝 [hǎohē] : 음료수, 커피 등이 맛이 좋다.
3) 好听 [hǎotīng] : 음악이나 목소리 등이 듣기에 좋다.

** 카페에서 **

－커피(음료)를 주문할 때 -

A : 您要喝什么？　(무엇을 마시겠어요?)
　　[Nín yào hē shénme?]
B : 随便来一杯吧。　(아무거나 주세요)
　　[Suíbiàn lái yìbēi ba.]
A : 这家的摩卡不错。　(이 가게 카페모카 괜찮습니다.)
　　[Zhèjiā de mókǎ búcuò.]
　　您要热的吗？　(따뜻한 거 드릴까요?)
　　[Nín yào rè de ma？]
B : 我要凉的。　(차가운 거 주세요.)
　　[Wǒ yào liáng de.]

来一杯冰摩卡。 (차가운 모카 한 잔 주세요.)

[Lái yì bēi bīng mókǎ.]

再来一杯热拿铁。 (그리고 따뜻한 라떼도 한 잔 더 주세요.)

[Zài lái yìbēi rè nátiě.]

A: 摩卡放奶油吗? (모카에 크림 올려 드릴까요?)

[Mókǎ fàng nǎiyóu ma?]

B: 不要放太多。 (너무 많이 넣지 말아 주세요.)

[Búyào fàng tài duō.]

适当放点就行了。 (적당히 올려 주시면 될 것 같아요.)

[Shìdàng fàng diǎn jiù xíng le.]

(生词)

1) 随便 [suíbiàn] : 동) 마음대로[좋을대로, 형편대로] 하다.

부) 마음대로. 좋을대로. 자유로이. 함부로. 제멋대로.

2) 家 [jiā] : 양) 음식점이나 카페 등을 세는 양사

3) 摩卡 [mókǎ] : 모카 커피 (커피의 종류)

4) 不错 [búcuò] : 형) 맞다. 틀림없다.

5) 杯 [bēi] : 양) 커피나 차 등을 세는 양사

6) 冰 [bīng] : 명) 얼음, (형용사) 차갑다. 시리다.

7) 凉 [liáng] : 형) 서늘하다. 선선하다. 차갑다. [날씨를 말할 경우에는 '冷'보다 덜 추운 것을 말함]

8) 热 [rè] : 형) 덥다. 뜨겁다.

9) 拿铁 [nátiě] : 라떼 (우유를 넣은 커피의 종류)

10) 奶油 [nǎiyóu] : 명) (식용) 크림.

11) 适当 [shìdàng] : 형) 적당하다. 적절하다. 알맞다.

12) 行 [xíng] : 형) 괜찮다. 무방하다.

第五课 这是什么？(이것은 무엇인가요?)

（一）那是什么？

A : 这是什么？ （이것은 무엇입니까?）
　　[Zhè shì shénme?]
B : 这是我的书包。 （이것은 나의 책가방입니다.)
　　[Zhè shì wǒ de shūbāo.]

A : 那是什么？ (그것은 무엇입니까?)
　　[Nà shì shénme?]
B : 那是他的词典。(그것은 그의 사전입니다.)
　　[Nà shì tā de cídiǎn.]

（生词）

1) 这 [zhè] => 번체 (這)
　① [대명사] 이, 이것. [가까이 있는 사람이나 사물을 가리킴]
　② '那(저것)'와 호응하여 쓰임

2) 那 [nà]
　① [대명사] 그, 그것 / 저, 저것 [비교적 멀리 떨어진 사람이나 사물을 가리킴]
　② [대명사] (~儿) 그(저) 곳.

3) 什么 [shénme] :
　① [대명사] 의문을 나타냄.
　② 무슨, 어떤, 어느 (명사 앞에 쓰여)

4) 书包 [shūbāo] : 책가방

5) 词典 [cídiǎn] : 사전
   ① 大词典 [dà cídiǎn] : 대사전
   ② 查词典 [chá cídiǎn] : 사전을 찾다.

* 这是什么? [Zhè shì shénme?] : 이것은 무엇입니까?

 -> 这是什么鱼? 이것은 무슨 생선입니까?
            [yú]
 -> 这是什么意思? 어떤 의미입니까?
            [yìsi]
 -> 这是什么水果? 이 과일 이름이 무엇입니까?
            [shuǐguǒ]

* 예문 더 보기

这是什么话? [Zhè shì shénme huà!] : 이게 무슨 소리에요?
这是什么态度? [Zhè shì shénme tàidu?] : 이게 무슨 태도야?

（二）这是什么书？

A : 这是什么书？(이것은 무슨 책입니까?)
   [Zhè shì shénme shū?]
B : 这是一本汉语书 (이것은 한 권의 중국어책입니다.)
   [Zhè shì yìběn Hànyǔ shū.]

A : 那是什么书？(그것은 무슨 책입니까?)
　　[Nà shì shénme shū?]
B : 那是两本英语书。(그것은 두 권의 영어책입니다.)
　　[Nà shì liǎngběn Yīngyǔ shū.]

(生词)

1) 汉语 [Hànyǔ] : 중국어
2) 英语 [Yīngyǔ] : 영어
3) 两 [liǎng] : 둘(양사 앞에 쓰임), 양의 개념을 말할 때
4) 本 [běn] : (量) (한) 권, (두) 권... 〈책, 사전 등을 셀 때 사용하는 양사〉

（三）这是谁的书？

A : 这是谁的书？(이것은 누구의 책입니까?)
　　[Zhè shì shuí(shéi) de shū?]
B : 这是她的书。(이것은 그녀의 책입니다.)
　　[Zhè shì tā de shū]

A : 那是谁的词典？(그것은 누구의 사전입니까?)
　　[Nà shì shuí(shéi) de cídiǎn?]
B : 那是他的词典。(그것은 그의 사전입니다.)
　　[Nà shì tā de cídiǎn.]

(生词)

1) 谁 [shuí(shéi)] : (의문 대명사) 누구

2) 她 [tā] : 그녀
3) 他 [tā] : 그
4) 的 [de] : ~의
5) 词典 [cídiǎn] : 사전

중국에서 커피 주문하기

A : 你想喝什么(饮料)?

　　[Nǐ xiǎng hē shénme (yǐnliào)?]

　　(어떤 음료를 드시고 싶으세요?)

B : 我要美式咖啡。

　　[Wǒ yào měishì kāfēi.]

　　(아메리카노 주세요.)

A : 在这儿喝还是带走? (여기서 드세요, 아니면 가져 가시나요?)

　　[Zài zhèr hē háishi dàizǒu?]

B : 我要打包。 (포장해 가려구요)

　　[Wǒ yào dǎbāo.]

(生词)

1) 想 [xiǎng] : ~을 하고 싶다. (조동사) => 뒤에 본동사가 옴.
2) 要 [yào] : ① 원하다. 요구하다. (본동사)

　　　　　　　② ~하려고 하다. (조동사) => 뒤에 본동사가 옴.

3) A 还是 [háishi] B => A 또는 B (선택식 의문문)
4) 带 (帶) [dài] : 명) (~儿) 띠. 벨트. 밴드. 끈. 리본. 테이프.

　　　　　　　동) (몸에) 지니다. 휴대하다.

(커피의 종류)

美式咖啡 [měishì kāfēi] : 아메리카노
拿铁 [nátiě] : 라떼
香草拿铁 [xiāngcǎo nátiě] : 바닐라 라떼
卡布奇诺 [kǎbùqínuò] : 카푸치노
焦糖玛奇朵 [jiāotáng mǎqíduǒ] : 카라멜 마끼아또
浓缩咖啡 [nóngsuō kāfēi] : 에스프레소
摩卡拿铁 [mókǎ nátiě] : 모카 라떼

** 재미있는 중국 외래어 **

可口可乐 [Kěkǒukělè] : 콜라
易买得 [Yìmǎidé] : 이마트
家乐福 [Jiālèfú] : 까르푸
好丽友 [Hǎolìyǒu] : 오리온
多乐之日 [Duōlèzhīrì] : 뚜레쥬르
咖啡陪你 [Kāfēipéinǐ] : 카페베네
必胜客 [Bìshèngkè] : 피자헛
汉堡王 [Hànbǎowáng] : 버거킹

第六课 多少钱？(얼마에요?)

(生词)

1) 要 [yào] :

　　① (동사) 필요로 하다. 요구하다.　例) 我要一本书。
　　② (조동사) ~하려고 하다.　例) 你要喝什么？
　　　　　　　＝＞ 뒤에 반드시 본동사가 온다.

2) 换 [huàn] :

　　(동사) 교환하다. 바꾸다. 환전하다. (-> 换钱)

3) 钱 [qián] : 번체 (錢)　돈 전

　　(명사) 화폐. 재물. 돈. 동전.

4) 多少 [duōshao] :

　　(부사) 얼마간. 약간. 다소. 좀.
　　(명사) (수량의) 많고 적음. 다수. 약간. 양. 액. 분량.

5) 百 [bǎi] :

　　(수사)　백. 100.
　　(명사)　(Bǎi) 성(姓).

6) 美元 [měiyuán] :

    (명사) 미국 달러(dollar).

7) 两 [liǎng] : 번체 (兩), 두 량

  ① (수사) 둘.
    => 양의 개념, 양사 앞에 놓임 , '半(bàn)·千(qiān)·万(wàn)·
      亿(yì)' 등의 앞에 사용.
  ② (수사) 몇몇. [일정치 않은 수를 나타내며, 대체로
      '几(몇)' 에 상당함]
  ③ (명사) 쌍방. 양측.

8) 杯 [bēi] : 잔 배

    (명사) 잔. 컵(杯子).
    (양사) 한 잔, 두 잔 (~ 잔)

9) 块 [kuài] : 번체 (塊), 덩어리 괴

    (명사) 덩이. 덩어리.
    (양사) 덩이. [덩이로 된 물건을 세는 단위]
    (양사) 조각. 장. [조각이나 납작한 물건을 세는 단위]

10) 元 [yuán]

    (명사, 형용사) : 시작의. 처음의. 첫째의.
    (명사, 형용사) : 우두머리의. 제일의. 으뜸의.

(형용사) : 주요한. 기본의. 기본(근본)적인.

(의존 명사) : 화폐단위 [~원]

11) 个 [ge] : 번체 (個), 낱 개

(양사) 개. 사람. 명. [개개의 사람이나 물건에 쓰임]

12) 毛 (角) : 화폐단위

* 分 - 毛 (角) - 块 (元)
  [fēn]   [máo] ([jiǎo]) [kuài][yuán]

< 중국의 화폐 : 인민폐(人民币) >

13) 瓶 [píng] : 병 병

(명사) (~ 儿) 병.

(양사) 한 병; 一瓶[yìpíng], 두 병; 两瓶[liǎngpíng]

14) 本 [běn] :

(명사) (~ 儿) 책.
(양사) 책, 사전 등을 셀 때 사용.

15) 分 [fēn] :

(명사) : ~ 분 (시간)
(명사) : 가장 작은 화폐단위

（一）换多少？

A：我要换钱。　（저는 환전을 하려고 합니다.）
　　[Wǒ yào huànqián.]

B：换多少？　（얼마를 환전합니까?）
　　[Huàn duōshao?]

A：换一百美元。　（미화로 백달러를 환전합니다.）
　　[Huàn yìbǎi měiyuán.]

替）三，四，五
　　[sān, sì, wǔ]

（二）多少钱？

A：两杯咖啡，多少钱？　（커피 두 잔, 얼마입니까?）
　　[Liǎngbēi kāfēi, duōshǎo qián?]

B：五块。　（인민폐 5원입니다.）
　　[Wǔ kuài.]

替）一个本子，六毛
　　[yíge běnzi, liùmáo]
　　四瓶啤酒，七块二
　　[sìpíng píjiǔ, qī kuài èr]
　　两个面包，八块
　　[liǎngge miànbāo, bākuài]
　　三本词典，九十块
　　[sānběn cídiǎn, jiǔshíkuài]

** 替换练习 **
---

(1)

A : 你买<u>什么</u>？ (무엇을 사려고 합니까?)
　　[Nǐ mǎi shénme?]
B : 我买<u>一瓶矿泉水</u>。 (생수(광천수) 한 병을 사려고 합니다.)
　　[Wǒ mǎi yìpíng kuàngquánshuǐ.]

(2)

A : <u>一瓶矿泉水</u>多少钱？ (생수 한 병, 얼마입니까?)
　　[Yìpíng kuàngquánshuǐ duōshao qián?]
B : <u>两块</u>。 (인민폐 2원입니다.)
　　[Liǎngkuài]

(회화플러스)

** 카드 결제가 되나요? **

A : 这儿能刷卡吗？ (여기 카드 결제 할 수 있나요?)
　　[Zhèr néng shuākǎ ma?]
B : 可以 (네, 가능합니다.) / 不可以 (안됩니다.)
　　[Kěyǐ]　　　　　　　　　[Bùkěyǐ]

* 오늘의 단어 *

* 刷卡 [shuākǎ] : 카드를 긁다. 카드를 사용하다.
* 可以 [kěyǐ] <-> 不可以 [bùkěyǐ] : 허가나 허락을 표현.

***

** 좀 깎아 주세요~!! **

* 너무 비싸요!
  太贵了。
  [Tài guì le.]

* 조금만 싸게 해주세요.
  便宜点儿吧。
  [Piányi diǎnr ba.]

（生词）

1) 贵[guì] : (형) 귀하다. 비싸다.
2) 便宜 [Piányi] : (형) 싸다.
3) (一) 点儿 [(yì) diǎnr] : (부) 조금, 약간
4) 吧[ba] : ~ 하자(청유형), ~해주세요(부드러운 명령),
        ~일 것이다(확신있는 추측)

** 바가지를 쓰다. **

○ 바가지 쓰다 => 挨宰 [áizǎi]

 => 쇼핑할 때 혹은 서비스를 받을 때 높은 가격을 요구당함으로써
경제적 손실을 입음을 의미하며, 부정적인 뜻으로 많이 사용한다.

○ 今天去购物, 一不小心又挨宰了!

  [Jīntiān qù gòuwù, yíbùxiǎoxīn yòu áizǎile!]

 => 오늘 쇼핑하러 갔다가 잠깐의 부주의로 또 바가지를 썼다.

* 오늘의 단어 *

   农民 [nóng mín] : 농민

   购物 [gòu wù] : 쇼핑하다

   必须 [bì xū] : 반드시, 꼭

   开价 [kāi jià] : 값을 부르다

🌸 중국의 화폐

 => 모든 지폐의 앞면에는 마오쩌둥의 초상화가 있고, 뒷면에는 중국의 명승고적이
    새겨져 있다. 100위안의 뒷면에는 베이징의 인민대회당을 넣었다. 2019년에는
    50위안, 20위안, 10위안 지폐와 1위안, 50편, 10편 동전이 새로 발행되었다.

100   10   1
元（块） -   毛（角） -   分

—— . _ _ （소수 첫째 자리, 소수 둘째 자리에 해당）

例) 3. 5 6   =》三快五毛六

　　4. 3 2   =》四块三毛二

休息一下!
(휴게실; 함께 감상해 보아요!)

〈杨丽萍(양리핑) 공작춤과 월광무 감상하기〉

〈 雲南省 虎跳峽 (윈난성 호도협) 〉

第七课 今天几月几号？
(오늘은 몇 월 몇 일이니?)

（一）现在几点？

A : 现在几点（了）？ （현재 몇 시 입니까?）
　　[Xiànzài jǐdiǎn (le) ?]

B : 两点半。 (2시 반입니다.)
　　[Liǎng diǎn bàn.]

A : 你几点上课？ (몇 시에 수업이 시작됩니까?)
　　[Nǐ jǐdiǎn shàngkè ?]

B : 我三点上课。 (3시에 수업이 시작됩니다.)
　　[Wǒ sāndiǎn shàngkè.]

（生词）

1) 点 [diǎn]： ~시, 시각
2) 半 [bàn]： 반, 30분
3) 一刻 [yíkè] : 15분
4) 三刻 [sānkè] : 45분
5) 差 [chà] : 차이가 나다. / ~분 전
6) 上课 [shàngkè] : 수업이 시작하다.

（어휘 플러스）
1) 下课 [xiàkè] : 수업이 끝나다.
2) 睡觉 [shuìjiào] : 잠자다.
3) 吃早饭 [chī zǎo fàn] : 아침밥을 먹다.

4）吃午饭 [chī wǔfàn] : 점심을 먹다.

5）吃晚饭 [chī wǎnfàn] : 저녁을 먹다.

6）上班 [shàngbān] : 출근하다.

7）下班 [xiàbān] : 퇴근하다.

● 문장 연습

A : 你几点吃晚饭？ （너는 몇 시에 저녁을 먹니?)
　　[Nǐ jǐdiǎn chī wǎnfàn?]

B : 我七点吃晚饭。 （7시에 저녁을 먹어.)
　　[Wǒ qīdiǎn chī wǎnfàn.]

（참고)
● 시간 익히기

12시 : 十二 [shí'èr]

1시 반 : 一点半 [yì diǎn bàn]

2시 : 两点 [liǎng diǎn]

3시 15분 전 : 差一刻三点 [chà yíkè sān diǎn] = 两点三刻

（二）今天几月几号？

A : 今天几月几号？
　　[Jīntiān jǐyuè jǐhào?] (오늘은 몇 월 몇 일입니까?)

B : 七月十四号 。 (7월 14일입니다.)
　　[Qīyuè shísì hào.]

A : 今天星期几？（오늘은 무슨 요일입니까?)
　　[Jīntiān xīngqī jǐ?]

B : 今天星期三。（오늘은 수요일입니다.)
　　[Jīntiān xīngqīsān.]

（生词）

1) 今天　[jīntiān]：오늘
2) 几　[jǐ]：(번체) 幾
　　① 수사 : 몇. [주로 10이하의 확실하지 않은 수를 물을 때
　　　　쓰이며, 그 이상의 수를 물을 경우에는 '多少' 를 씀]
　　② 부사 : 얼마나.
3) 月 [yuè]：～ 월
4) 号 [hào]：～ 일 (구어체에서 사용)
　　cf) 문어체에서는 日[rì]
5) 星期几 [xīngqī jǐ]：무슨 요일입니까?

（어휘 플러스）
☆ 요일

星期一 [xīngqī yī]：월요일
星期二 [xīngqī'èr]：화요일
星期三 [xīngqī sān]：수요일
星期四 [xīngqī sì]：목요일
星期五 [xīngqī wǔ]：금요일
星期六 [xīngqī liù]：토요일
星期天（日）[xīngqī tiān / [rì]]：일요일

지지난주　　지난주　　이번주　　다음주　　다다음주
* 上上个星期－上个星期－这个星期－下个星期－下下个星期
[shàng shàng ge xīngqī] - [shàng ge xīngqī] - [zhè ge xīngqī]
- [xià ge xīngqī] - [xià xià ge xīngqī]

그그저께　그저께　어제　오늘　내일　모레　글피
* 大前天 － 前天 － 昨天 － 今天 － 明天 － 后天－大后天
[dà qiántiān] - [qiántiān] - [zuótiān] - [jīntiān] - [míngtiān] - [hòutiān]
- [dà hòutiān]

지난달　　　　이번달　　　다음달
* 上个月 　 － 　这个月 　－ 下个月
[shàng ge yuè]　[zhè ge yuè]　　[xià ge yuè]

（三）你的生日是几月几号？

A：你的生日是几月几号？
　　[Nǐ de shēngrì shì jǐyuè jǐhào?]
　　(당신의 생일은 몇 월 몇 일 입니까?)
B：九月六号。
　　[Jiǔyuè liùhào.]
　　(9월 6일 입니다.)
A：明天是十月十号吧?
　　[Míngtiān shì shíyuè shíhào ba?]
　　(내일은 10월 10일이지요?)
B：明天不是十月十号，是十月八号。
　　[Míngtiān búshì shíyuè shíhào, shì shíyuè bāhào.]
　　(내일은 10월 10일이 아니고, 10월 8일입니다.)

（生词）

1) 是 [shì] : ~이다. (긍정문에 사용)
　① v) 동사 : 술어 앞에서 강한 긍정을 나타냄.
　② a) 형용사 : 맞다. 옳다.

2) 不是 A, 是 B : A가 아니고, B이다.

　cf) 还是 [hái shi] :
　　① 부사 : 아직도. 여전히.
　　② 부사 : ‘…하는 편이 (더) 좋다’는 뜻을 나타냄.
　　③ 접속사 : 아니면. [의문문에 쓰여 선택을 나타냄]
　　　　　=> A 还是 B : A 아니면 B

3) 吧 [ba]
　① 추측
　② 확신에 찬 어조를 나타냄.

▷ 명사 술어문 => 명사나 명사구, 수량사 등이 직접 술어를 이루
　는 문장을 “명사술어문”이라 한다. 이런 문장은 주로 시간이
　나 나이, 본적 및 수량 등을 표현하고자 할 때 쓰인다.

　例) 今天星期天。[Jīntiān xīngqītiān.] : 오늘은 일요일이다.
　　　我今年二十岁。[Wǒ jīnnián èrshísuì.] : 나는 올해 20세이다.

◇ 吧 [ba]
　① 청유형(~하자) 例) 我们一起吃饭吧!
　② 부드러운 명령(~해라) 例) 多吃点儿吧!
　③ 확신에 찬 어조(~이지?), 추측(~일 것이다) 例) 明天星期天吧!

第八课　你做什么工作？
(너는 무슨 일을 하니?)

A：你做什么工作？(너는 무슨 일을 하니?)

　　[Nǐ zuò shénme gōngzuò?]

B：我在银行工作。(나는 은행에서 일합니다.)

　　[Wǒ zài yínháng gōngzuò.]

A：你爸爸做什么工作？(너의 아빠는 무슨 일을 하시니?)

　　[Nǐ bàba zuò shénme gōngzuò?]

B：他在小学教英语。(그는 초등학교에서 영어를 가르칩니다.)

　　[Tā zài xiǎoxué jiāo Yīngyǔ]

A：你妈妈做什么工作？(너의 엄마는 무슨 일을 하시니?)

　　[Nǐ māma zuò shénme gōngzuò?]

B：她在贸易公司工作。(그녀는 무역회사에서 일합니다.)

　　[Tā zài màoyìgōngsī gōngzuò.]

(生词)

1) 银行 [yínháng]：은행

2) 小学 [xiǎoxué]：초등학교

　* 中学 [zhōngxué]：중·고등학교 통칭

　　初中 [chūzhōng]：중학교

　　高中 [gāozhōng]：고등학교

3) 教 [jiāo] : [동사] (지식 또는 기술을) 전수하다. 가르치다.
  + 教 [jiāo] : [동사] 가르치다.
  + 教室 [jiàoshì] : [명사] 교실.
  + 教授 [jiàoshòu] : [명사] 교수.
  + 教育 [jiàoyù]
    ① [명사] 교육.
    ② [동사] 교육하다. 양성하다. 육성하다. 기르다.

4) 英语 [Yīngyǔ] : 영어 / 汉语 [Hànyǔ] : 중국어 /

  日语 [Rìyǔ] : 일본어 / 法语 [Fǎyǔ] : 불어

5) 做 [zuò]
  ① [동사] : ~을 하다. 종사하다. 例) 你做什么工作?
  ② [동사] : 만들다. 제작하다.   例) 妈妈做菜 (做饭)
  ③ [동사] : ~이 되다. ~로 삼다. 例) 做官

6） 做主 [zuòzhǔ]
  ① [동사] 주인이 되다.
  ② [동사] 책임지고 결정하다.

7) 工作 [gōngzuò]
  ① [명사] 직업. 일자리.   例) 你做什么工作?
  ② [명사] 근무. 작업. 일. 업무. 노동.
  ③ [동사] 일하다. 작업하다. 노동하다.   例) 他在公司工作.

8) 贸易公司 [màoyìgōngsī] : 무역회사

（职业）

1) 老师 [lǎoshī] :
　　① [명사] 선생님. 스승.
　　② [명사] 기예나 기능을 가진 사람에 대한 존칭.
　　　+ 好老师 [hǎolǎoshī]

2) 公务员 [gōngwùyuán]
　　① [명사] 공무원.

3) 职员 [zhíyuán] : [명사] 직원. 사무원.

4) 老板 [lǎobǎn] :
　　① [명사] 상점 주인.
　　② [명사] (상공업계의) 사장.
　　③ [명사] [옛말] (사유 기업의) 주인. 경영자. 기업주.

5) 警察 [jǐngchá] :
　　① [명사] 경찰, 경찰(관).

6) 服务员 [fúwùyuán] :
　　① [명사] (서비스업의) 종업원. 웨이터. 승무원. 접대원.
　　② [명사] (기관의) 봉사 인원. 안내원.

7) 律师 [lùshī] : [명사] 변호사.
　　+ 大律师 [dàlùshī] : 법정 변호사.
　　+ 律师费 [lùshīfèi] : 변호사 수임료

第九课 你有没有雨伞？
(너는 우산이 있니?)

（一）马上就要下雨了

A：马上就要下雨了。（곧 비가 내릴 것 같아요.）
　　[Mǎshàng jiùyào xiàyǔ le.]

B：你有没有雨伞？ => 你有雨伞吗？ （우산이 있나요?）
　　[Nǐ yǒuméiyǒu yǔsǎn?]　　[nǐ yǒu yǔsǎn ma?]

A：没有，借一把(雨伞)吧。（없어요, 우산 좀 빌릴께요.）
　　[Méiyǒu, jiè yìbǎ（yǔsǎn）ba.]

B：听说明天会下雨。你带上雨伞吧。（듣자하니, 내일 비가 올
　　것 같아요. 우산을 가지고 오셔요.）
　　[Tīngshuō míngtiān huì xiàyǔ. Nǐ dàishang yǔsǎn ba.]

(生词)

1) 马上 [mǎshàng] : (부사) 곧. 즉시.
2) (就)要~了 [(jiù) yào ~ le] : 곧 ~ 하려고 하다.
3) 雨伞 [yǔsǎn] : 우산
4) 借 [jiè] : 빌리다.
5) 把 [bǎ] : (양사) 우산, 칼 등을 세는 양사.
6) 带上 [dài shang] : (동사) 가져오다. 가져다주다.

(어휘플러스)
+ 下雨 [xiàyǔ] : 비가 내리다. / 下雪 [xiàxuě] : 눈이 내리다.

* 会 : 1) ~할 것이다. (추측)

    例) 今天会下雨。 [Jīntiān huì xiàyǔ.]

      (=> 오늘 비가 내릴 것 같다.)

  2) (주로 배워서) 할 줄 안다.

    例) 你会说英语吗？ [Nǐ huì shuō Yīngyǔ ma?]

      (=> 너 영어를 말할 줄 아니?)

（二）家乡 - 고향 묻기

A : 你是哪里人？ (당신은 고향이 어디세요?)

    [Nǐ shì nǎli rén?]

B : 我是北京人。(저는 베이징인 입니다.)

    [Wǒ shì běijīngrén.]

A : 你家乡是哪里（哪儿）？ (당신은 고향이 어디세요?)

    [Nǐ jiāxiāng shì Nǎli(nar)?]

B : 我的家乡是上海。(저의 고향은 상하이 입니다.)

    [Wǒ de jiāxiāng shì Shànghǎi.]

A : 上海冬天很冷吗? (상하이는 겨울이 매우 춥습니까?)

    [Shànghǎi dōngtiān hěn lěng ma?]

B : (上海冬天)非常冷。((상하이 겨울은) 매우 춥습니다.)

    [(Shànghǎi) dōngtiān fēicháng lěng.]

（生词）

1) 家乡 [jiāxiāng] : 고향 / 故乡[gùxiāng]

2) 冷 [lěng] : 춥다

3) 非常 [fēicháng] : (부) 매우, 아주

4) 上海 [Shànghǎi] : 상해(상하이) / 北京 [běijīng] : 북경(베이징)

（어휘플러스）

季节 [jìjié] : 계절

春天 [chūntiān] : 봄 , 夏天 [xiàtiān] : 여름

秋天 [qiūtiān] : 가을 , 冬天 [dōngtiān] : 겨울

（三）放假干什么？

A: 这个假期你打算做什么? (이번 휴가에 무엇을 할 계획인가요?)

[Zhège jiàqī nǐ dǎsuan zuò shénme?]

B: 我打算去中国。 (저는 중국에 갈 예정입니다.)

[Wǒ dǎsuan qù Zhōngguó.]

（生词）

1) 假期 [jiàqī] : [명사] 휴가 기간, 휴가 때, 휴일. (=假日)

2) 做 [zuò] : ~을 하다. = 干 [gàn]

3) 打算 [dǎsuan] : ~할 계획이다. ~할 예정이다.

（어휘플러스）

1) 放寒假 [fàng hánjià] : 겨울방학(하다.)

　放暑假 [fàng shǔjià] : 여름방학(하다.)

2) 美国 [Měiguó] : 미국

3) 日本 [Rìběn] : 일본

〈 内蒙古 草原 (내몽고 초원) 〉

〈 云南 丽江古城 (윈난 리장고성) 〉

第十课 你喜欢吃什么水果？
(너는 무슨 과일을 좋아하니?)

（一）我喜欢吃苹果

A：你喜欢吃什么水果？(너는 무슨 과일 먹는 것을 좋아하니?)
　　[Nǐ xǐhuan chī shénme shuǐguǒ?]

B：我喜欢吃苹果。(저는 사과 먹는 것을 좋아합니다.)
　　[Wǒ xǐhuan chī píngguǒ.]

A：你喜欢喝什么饮料？(너는 무슨 음료 마시는 것을 좋아하니?)
　　[Nǐ xǐhuan hē shénme yǐnliào?]

B：我喜欢喝-------（ 저는 ... 음료 마시는 것을 좋아합니다.)
　　[Wǒ xǐhuan hē -----]

A：你喜欢看什么电影？(너는 무슨 영화 보는 것을 좋아하니?)
　　[Nǐ xǐhuan kàn shénme diànyǐng?]

B：我喜欢看-------（ 저는 ... 보는 것을 좋아합니다.)
　　[Wǒ xǐhuan kàn -----]

* 喜欢 + 吃，喝，看
[xǐhuan] [chī] [hē] [kàn]

（生词）

水果 [shuǐguǒ]：명) 과일
草莓 [cǎoméi]：명) 딸기

西瓜 [xīguā] : 명) 수박
苹果 [píngguǒ] : 명) 사과
香蕉 [xiāngjiāo] : 명) 바나나
柠檬 [níngméng] : 명) 레몬
橘子 [júzi] : 명) 귤
菠萝 [bōluó] : 명) 파인애플

（二）你喜欢什么运动？

A : 你喜欢什么运动？ (당신은 어떤 스포츠를 좋아합니까?)
　　[Nǐ xǐhuan shénme yùndòng?]
B : 我喜欢足球。 (저는 축구를 좋아합니다.)
　　[Wǒ xǐhuan zúqiú.]
A : 我也喜欢足球。昨晚看足球比赛了吗？ (저도 축구를 좋아합니다. 어제 밤에 축구시합 보셨나요?)
　　[Wǒ yě xǐhuān zúqiú, zuówǎn kàn zúqiú bǐsài le ma?]
B : 当然看了，孙兴敏进球了。 (당연히 보았지요, 손흥민이 골을 넣었습니다.)
　　[Dāngrán kàn le, Sūnxīngmǐn jìnqiú le.]

（三）坚持运动

A : 韩国最流行的是棒球。
　　[Hánguó zuì liúxíng de shì bàngqiú.]
　　(한국에서 제일 유행하는 스포츠는 야구입니다.)
B : 中国最流行的是篮球。 (중국에서는 농구가 유행합니다.)
　　[Zhōngguó zuì liúxíng de shì lánqiú.]

A：一起去打羽毛球，好吗？（함께 배드민턴 치러 가실래요?）

　　[Yìqǐ qù dǎ yǔmáoqiú, hǎo ma?]

B：不好意思，我现在要去健身房。（유감입니다, 저는 헬스를 하러 갈 것입니다.）

　　[Bùhǎoyìsi, wǒ xiànzài yào qù jiànshēnfáng.]

（生词）

1) 运动 [yùndòng]：[명사] 운동, [동사] 운동하다.
2) 坚持 [jiānchí]：[동사] (주장 따위를) 견지하다. 끝까지 버티다. 고수하다. 지속하다. 고집하다.
3) 跑步 [pǎobù]：[동사] 달리다.
4) 足球比赛 [zúqiú bǐsài]：축구 경기.
5) 进球 [jìnqiú]：골을 넣다.
6) 打 [dǎ]：
　　① [동사] (손이나 기구를 이용하여) 치다. 때리다. 두드리다.
　　② [동사] 구타(毆打)하다. 때리다.
　　③ [동사] 공격하다. 치다.

（어휘플러스）

打篮球 [dǎ lánqiú]：농구 하다.
打棒球 [dǎ bàngqiú]：야구 하다.
打网球 [dǎ wǎngqiú]：테니스 치다.
打乒乓球 [dǎ pīngpāngqiú]：탁구 치다.
打羽毛球 [dǎ yǔmáoqiú]：배드민턴 치다.
健身 [jiànshēn]：헬스(하다)
健身房 [jiànshēnfáng]：헬스장

❀ 休息一下! : 중국의 숙박시설

○ 중국에서는 보통 호텔을 "饭店(판띠엔)" 혹은 "酒店(지우띠엔)"
으로 부른다.
"酒店(지우띠엔)"이 가장 높은 등급, 즉 가장 고급스러운 곳을
의미하는데 사실 중국에서 지금은 饭店과 酒店은 그렇게 큰 차이
가 없이 쓰이고 있다. 그러나 엄연히 따지면 약간은 다른 점이 있
다.

○ 饭店(판띠엔)은 말 그대로 원래는 餐厅(찬팅)이 위주가 되었던
곳이다. 그러나 요즘 좋은 호텔들에 유명한 식당이나 자체 내부 뷔
페 등이 많기에 饭店 또한 우리가 아는 4성급 이상의 호텔을 지칭
할 수도 있다.

○ 酒店(지우띠엔) 또한 餐厅(찬팅)을 가지고 있다. 그러나 그 의미
가 좀 더 포괄적으로 酒店은 기준상 그 이상의 서비스, 즉 오락과
휴식시설을 갖춘 그런 곳을 의미한다. 그렇기에 보통 쉽게 이해하
려면 4-5성급 이상의 고급 호텔 혹은 편의시설을 다 갖춘 호텔을
의미한다.

○ 宾馆(삔꽌)은 饭店 , 酒店과는 규모가 작다고 볼 수 있다.
(원래 개혁개방 이후에는 宾馆이 발달하면서 여기저기 많이 생겼
다고 하는데, 지방에 따라 그 명칭 또한 좀 다르다.)
　宾馆은 확실히 준 호텔? 모텔 정도의 등급은 최소로 유지하면
서 숙박시설은 물론 그 외 회의나 기타 손님 접대에 필요한 다양
한 시설을 갖춘 곳이다. 그래서 회의실이나 기타 장소들을 가지고
있다. 그런데 宾馆 중에서도 거의 호텔 못지않은 곳도 많다. 굳이
그 명칭을 따지자면 보통 숙박과 접대 위주의 장소이다.

(그러나 요새는 이런 구분이 거의 명확하지 않기에 거의 호텔과 같은 시설과 서비스를 자랑하는 곳도 많다. 북경에서는 대표적으로 西郊宾馆(시지아오삔꽌)을 들 수 있다.)

○ 흔히 중국에서 招待所라고 하는 곳들은 여관으로 보면 된다. 그냥 숙박이 목적으로 아무 등급이나 편의시설은 없다고 보면 된다.

** 테 마 별 학 습 **

《 아픈 부위별 표현 및 병원에서 자주 사용하는 표현 익히기 》

1) 머리가 아파요. => 头疼 [tóu téng]
2) 이가 아파요. => 牙疼 [yá téng]
3) 목이 아파요. => 嗓子疼 [sǎngzi téng]
4) 열이 나요. => 发烧 [fāshāo]
5) 콧물이 나요. => 流鼻涕 [liú bítì]
6) 저 감기 걸렸어요. => 我感冒了 [Wǒ gǎnmào le.]

(대화)
A : 你哪儿不舒服？(어디가 아프세요?)
  [Nǐ nǎr bù shūfu?]
B : 我嗓子疼 (저 목이 아파요.)
  [Wǒ sǎngzi téng.]
A : 从什么时候开始的? (언제부터 아프기 시작했어요?)
  [Cóng shénme shíhòu kāishǐ de?]
B : 昨天晚上开始的。(어제밤부터 아프기 시작했어요.)
  [Zuótiān wǎnshàng kāishǐ de.]

（어휘플러스）

+ 병이 나다 =》 生病 [shēngbìng]
+ 병원에 진찰(진료) 받으러 가다.
  =》 我去医院看病。[Wǒ qù yīyuàn kànbìng.]
+ 주사를 맞다. =》 打针 [dǎzhēn]
+ ~ 에게 처방전을 주다. =》 给 ~ 开药方（儿）[gěi kāiyàofāngr]
+ 나는 이가 좀 아프다 =》 我牙有点儿疼。[Wǒyá yǒudiǎnr téng.]

** 一点儿 과 有点儿 **

1) 一点儿 [yìdiǎn] : 긍정의 의미, 형용사가 앞에 옴.

  例) 凉快一点儿 [liángkuai yìdiǎnr] : 좀 시원하다. (좋은 의미)
      太贵了!, 便宜(一)点儿。 [Tài guì le, piányi diǎnr.] : 너무
      비싸요!, 좀 싸게 해 주세요.

2) 有点儿 [yǒu diǎnr] : 부정의 의미, 형용사가 뒤에 옴.

  例) 我有点儿冷。 [Wǒ yǒudiǎnr lěng.] : 나는 조금 춥다.

第十一课　您是哪位？
(누구세요?)

- 전화통화 할 때 필요한 대화 -

A : 喂，您好！　（여보세요!)
[Wéi, nín hǎo!]

B : 您好！您找哪位？　（안녕하세요! 누구를 찾으세요?)
[Nín hǎo, nín zhǎo nǎwèi?]

A : 我找金律师。（저는 김 변호사를 찾습니다.)
[Wǒ zhǎo jīn lǜshī.]

B : 金律师现在不在公司。您是哪位？（김 변호사님 지금 안 계십
니다. 누구신지요?)
[Jīn lǜshī xiànzài búzài gōngsī. Nín shì nǎwèi?]

A : 那您能找一下李老师吗？（그럼 이 선생님을 바꿔 주실 수
있는지요?)
[Nà nín Néng zhǎo yíxià lǐ lǎoshī ma?]

B : 不好意思！　他不在。　（유감스럽게도, 그는 부재중이십니다.)
[Bù hǎo yìsi! tā bú zài.]
您可以过一会儿再打。（조금 후에 전화 주셔도 됩니다.)
[Nín kěyǐ guò yíhuìr zài dǎ.]

A : 那您能帮我传个话吗？（말씀 좀 전해주실 수 있으신가요?)
[Nà nín néng bāng wǒ chuán ge huà ma?]

B : 您可以留言。（메세지를 남겨 드리겠습니다.)
[Nín kěyǐ liúyán.]

A : 好的，谢谢！（네, 감사합니다!)
[Hǎo de, xièxie!]

（生词）

1) 请问 [qǐngwèn] : 말씀 좀 묻겠습니다.
2) 哪位 [nǎwèi?] : 어느 분이십니까?, 누구십니까?
3) 找 [zhǎo] : 찾다.
4) 一下 [yíxià] : 좀 ~ 하다.
5) 可以 [kěyǐ] : ~할 수 있다. (허가나 허락)
6) 过一会儿 [guò yíhuìr] : 좀 지나서, 조금 있다가
7) 再打 [zài dǎ] : 다시 걸다.
8) 传个话 [chuán ge huà] : 말을 전해 주다.
9) 留言 [liúyán] : 메세지를 남기다.
10) 联系 [liánxì] : 연락하다.

（어휘플러스）
联系人 [liánxì rén] : [명사] 연락 담당자.
多联系 [duō liánxì] : 자주 연락하다.
再联系 [zài liánxì] : 다시 연락하다.
无联系 [wú liánxì] : 연결이 되지 않다.

（二）张明在吗？

A : 张明在吗？（장명 있습니까?）
　　[Zhāng Míng zài ma？]
B : 他不在，您是哪一位？（그는 없습니다. 당신은 누구신가요?）
　　[Tā bú zài，nín shì nǎ yíwèi？]
A : 我是他的同学，叫赵亮。（저는 그의 같은 반 친구이고, 이름은
　　赵亮(짜오량)이라고 합니다.)
　　[Wǒ shì tā de tóngxué，jiào Zhào Liàng.]

B ： 他晚上回来。 （그는 저녁에 돌아옵니다.）
[Tā wǎnshang huílái.]

A ： 请你叫他给我回个电话， 好吗？ （그에게 저에게 전화를 달라고 전해주세요.）
[Qǐng nǐ jiào tā gěi wǒ huíge diànhuà, hǎo ma？]

B ： 好。我一定转告他。（좋아요. 저는 반드시 그에게 전해 드릴께요.）
[Hǎo. Wǒ yídìng zhuǎngào tā.]

（生词）

1) 哪一位 [nǎ yíwèi] : 어느 분, 누구세요?
2) 回来 [huílái] : 돌아오다.
3) 回个电话 [huí gè diànhuà] : 전화를 주다.
4) 一定 [yídìng] : [부사] 반드시
5) 转告 [zhuǎngào] : [동사] (말을) 전(달)하다.

（三）喂，是明明吗？

A ： 喂，是明明吗？ （여보세요, 명명입니까?）
[Wéi, shì Míngming ma？]

B ： 我就是。 （접니다.）
[Wǒ jiù shì.]

A ： 我叫朴顺美。 （저는 박순미라고 합니다.）
[Wǒ jiào Piáo Shùn měi.]

B ： 啊， 顺美! 你好! （아! 순미! 안녕하세요!）
[ā, Shùn měi! Nǐ hǎo!]

第十一课

A : 后天我朋友去上海，你能见她吗？（모레 내 친구가 상해에 가
　　는데, 당신은 그녀를 만날 수 있습니까?）
　　[Hòutiān wǒ péngyou qù Shànghǎi, nǐ néng jiàn tā ma？]

B : 当然可以。到上海以后叫她给我打个电话！（당연하죠! 상해에
　　도착한 후에, 그녀에게 저에게 전화 달라고 해 주세요!）
　　[Dāngrán kěyǐ. Dào Shànghǎi yǐhòu jiào tā gěi wǒ dǎ ge
　　diànhuà.]

A : 好，谢谢！（좋아요, 고마워요!）
　　[Hǎo，xièxie！]

（生词）

* 고유명사 : 朴顺美 [Piáo Shùn měi]

1) 喂 [wéi] : 여보세요? / 원래 성조는 4성이지만, 전화통화에는
통상 2성으로 발음한다.
2) 后天 [hòutiān] : 모레
3) 给 [gěi] : 번체 (給) [동사] 주다. ~에게 ...을 주다. /
　　　　　　　[동사] …하도록 하다. (…에게) …을(를)시키다(하도
　　　　　　　록 하다). ['叫(jiào)', '让(ràng)']
4) 打电话 [dǎ diànhuà] : 전화를 걸다. 전화하다.

第十二课. 周末去看电影吧
(주말에 영화 보러 가자)

－ 연동문(连动文) －

A : 这个星期六你忙吗？ (이번 주 토요일 바쁘니?)
　　[Zhège xīngqīliù nǐ máng ma？]
　　周末一起去看电影吧。 (주말에 함께 영화 보러 가자.)
　　[Zhōumò yìqǐ qù kàn diànyǐngba.]
B : 很忙，下午去百货商店买东西。(매우 바빠, 오후에 백화점에 물건 사러 가.)
　　[Hěn máng, xiàwǔ qù bǎihuòshāngdiàn mǎi dōngxi.]
A : 上午做什么？ (오전에는 무엇을 하니？)
　　[Shàngwǔ zuò shénme?]
B : 上午去图书馆学习。 (오전에는 도서관에 가서 공부해.)
　　[Shàngwǔ qù túshūguǎn xuéxí.]

（生词）

1) 百货商店 [bǎihuòshāngdiàn] : [명사] 백화점
2) 买 [mǎi] : [동사] 사다.
3) 东西 [dōngxi] : [명사] 물건
4) 做 [zuò] : [동사] ~을 하다.
5) 电影 [diànyǐng] : [명사] 영화
6) 周末 [zhōumò] : [명사] 주말
7) 上午 [shàngwǔ] : [명사] 오전
8) 下午 [xiàwǔ] : [명사] 오후

（二）你吃饭了吗？(과거시제)

A：你回来了？(너 왔구나?)
　　[Nǐ huílai le?]

B：哥哥，你吃饭了吗？(형, 식사했어요?)
　　[Gēge, nǐ chī fàn le ma?]

A：还没吃，你呢？(아직 안 먹었어, 너는?)
　　[Hái méi chī, nǐ ne?]

B：我也还没吃，饿死了。(나도 안 먹었어, 배고파 죽겠어.)
　　[Wǒ yě hái méi chī, è sǐ le.]

A：快来一起吃饭吧。(빨리 와서 함께 밥 먹자.)
　　[Kuài lái yìqǐ chī fàn ba.]

（生词）

1) 回来 [huílái]：[동사] 돌아오다
2) 了 [le]：[조사] 동작의 완료를 나타내는 조사
3) 还 [hái]：[부사] 아직
4) 没（有）[méi(yǒu)]：[부사] ~하지 않다.
5) 死了 [sǐ le]：~해 죽겠다.
6) 快 [kuài]：[형용사] 빠르다. / [부사] 빨리, 어서

(三) 我在开车 (현재진행형)

A : 喂, 莉莉, 你在干什么？ (여보세요, 리리야, 너 뭐하니?)
　　[Wéi, Lìli, nǐ zài gàn shénme?]

B : 我在看电视呢。 (나는 텔레비전 보고 있어.)
　　[Wǒ zài kàn diànshì ne.]

A : 下午你要做什么？ (오후에 너는 무엇을 하려고 하니?)
　　[Xiàwǔ nǐ yào zuò shénme?]

B : 我要去图书馆学汉语。 (나는 도서관에 가서 중국어 공부할거야.)
　　[Wǒ yào qù túshūguǎn xué Hànyǔ.]

A : 那么, 我们一起去吧。 (그럼, 우리 함께 가자.)
　　[Nàme, wǒmen yìqǐ qù ba.]

(生词)

1) 在 [zài] : [부사] ~하고 있다, ~하고 있는 중이다.
　　　　　　　(진행을 나타냄)
2) 电视 [diànshì] : [명사] 텔레비전
3) 图书馆 [túshūguǎn] : [명사] 도서관
4) 那么 [nàme] : [접속사] 그렇다면
5) 一起 [yìqǐ] : [부사] 함께

第十三课 你会说汉语吗？
(너는 중국어를 말할 수 있니?)

- 조동사 会 -

A：请坐， 请喝茶。你会说汉语吗？(앉으세요, 차 드세요. 당신은 중국어를 할 줄 아십니까?)

　　[Qǐng zuò, qǐng hē chá. Nǐ huì shuō hànyǔ ma?]

B：会， 她的汉语很好。(네. 그녀는 중국어를 참 잘하십니다.)

　　[Huì, tā de hànyǔ hěn hǎo.]

C：不， 我只会说一点儿。(C를 보며 A가 말하는 상황/ 아니에요, 저는 단지 조금 할 줄 압니다.)

　　[Bù, wǒ zhǐ huì shuō yìdiǎnr.]

A：你的发音很不错。(당신의 발음이 매우 좋습니다.)

　　[Nǐ de fāyīn hěn búcuò.]

C：谢谢! (고맙습니다!)

　　[Xièxie!]

（生词）

1) 请 [qǐng] : [동사] ~하세요, ~해 주십시오.

2) 坐 [zuò] : [동사] 앉다.

3) 会 [huì] : [조동사] ~할 줄 알다, ~할 수 있다.

4) 说 [shuō] : [동사] 말하다.

5) 一点儿 [yìdiǎnr] : 조금, 약간

6) 发音 [fāyīn] : [명사] 발음

7) 不错 [búcuò] : [형용사] 좋다, 괜찮다.

8) 谢谢 [xièxie] : [동사] 감사합니다. 고맙습니다.

（二）你的爱好是什么？

A：你的爱好是什么？（너의 취미는 무엇이니?)
　　[Nǐ de àihào shì shénme？]

B：我的爱好是听音乐。你呢？（나의 취미는 음악감상이야. 너는?)
　　[Wǒ de àihào shì tīng yīnyuè. Nǐ ne?]

A：我的爱好是跳舞。　（나의 취미는 춤을 추는 거야.)
　　[Wǒ de àihào shì tiàowǔ.]

B：是吗？真厉害。　听说你的学校成绩也很好。
　　[Shìma？ Zhēn lìhai. Tīngshuō nǐde xuéxiào chéngjì yě hěnhǎo.]
　　（그러니? 대단하다! 듣자하니, 너의 학교 성적 또한 매우 좋다
　　고 하던데...)

A：　还可以。我只是努力学习。（그럭저럭. 나는 단지 노력해.)
　　[Háikěyǐ。 Wǒ zhǐshì nǔlì xuéxí.]

B：是吗？我觉得每天坚持学习更重要。
　　[Shìma？ Wǒ juéde měitiān jiānchí xuéxí gèng zhòngyào.]
　　（그러니? 내가 느끼기에 매일 꾸준히 학습하는 것이 더 중요한 것 같아.)

A：对！我也是这么想的。我也要每天用功学习。再见！
　　[Duì! Wǒ yě shì zhème xiǎng de. Wǒ yě yào měitiān
　　yònggōng xuéxí. Zàijiàn!]
　　（맞아! 나도 그렇게 생각해. 나 또한 매일 열심히 학습하려고 노력해.
　　잘 가!)

（生词）

1) 爱好 [àihào] : 취미
2) 听音乐 [tīng yīnyuè] : 음악감상 하다.
3) 跳舞 [tiàowǔ] : 춤추다.
4) 厉害 [lìhai] : ① [형용사] 사납다. 무섭다.
　　　　　　　　　② [형용사] 대단하다. 굉장하다. 심하다. 지독하다.

5) 成绩 [chéngjì] : 성적

6) 每天 [měitiān] : 매일

7) 努力 [nǔlì] : 노력하다.

8) 更 [gèng] : [부사] 더욱, 더

9) 重要 [zhòngyào] : 중요하다.

10) 认真 [rènzhēn] : 열심히

11) 用功 [yònggōng] : [동사] 힘써 배우다. 열심히 공부하다.

12) 坚持 [jiānchí] : [동사] (주장 따위를) 견지하다. 지속하다.
　　　　　　　　　　　　 고집하다. 끝까지 버티다. 고수하다

** 회화 한 마디 **

A : 你是大学生吗？　　(대학생이세요?)
　　[Nǐ shì dàxuéshēng ma?]

B : 我现在是大二 。　　(저는 현재 대학교 2학년이에요.)
　　[Wǒ xiànzài shì dà'èr]

★오늘의 단어

大学生 [dàxuéshēng] : 대학생

现在 [xiànzài] : 현재, 지금

大二 [dà'èr] : 대학교 2학년

第十四课。你吃过中国菜吗？
(너는 중국 요리를 먹어본 적이 있니?)

― 过(과거의 경험) ―

A : 你吃过中国菜吗？ (너는 중국요리를 먹어본 적이 있니?)
  [Nǐ chīguo zhōngguócài ma?]

B : 我还没吃过。 (아직 먹어본 적이 없어.)
  [Wǒ hái méi chīguo.]

A : 你尝一下。 (한번 맛봐.)
  [Nǐ cháng yíxià.]

B : 这是什么菜？非常好吃！ (이건 무슨 요리니? 매우 맛있다!)
  [Zhè shì shénme cài？ Fēicháng hǎochī！]

A : 这是麻辣烫。 (이것은 마라탕이야.)
  [Zhè shì málàtàng.]

B : 这是谁做的？ (이것은 누가 만든 거야?)
  [Zhè shì shéi zuò de?]

A : 是我姐姐做的。 (우리 누나가 만든 거야.)
  [Shì wǒ jiějie zuò de.]

（生词）

1) 过 [guo] : [조사] ~한 적이 있다. (주로 과거의 경험을
나타낼 때 사용)
2) 菜 [cài] : [명사] 요리, 음식
3) 尝 [cháng] : [동사] 맛보다.

4) ~ 一下 [yíxià] : 한 번, 잠시

5) 好吃 [hǎochī] : [형용사] 맛있다.

6) 麻辣烫 [málàtàng] : [명사] 마라탕(음식명)

** 이곳의 대표요리는 무엇인가요? **

你们这儿招牌菜是什么？

[Nǐmen Zhèr zhāopáicài shì shénme?]

这里的红烧肉很好吃。

[Zhèli de hóngshāoròu hěn hǎochī.]

저희는 홍샤오로우가 매우 맛있어요.

< 홍샤오로우 [hóngshāoròu] >

* 오늘의 단어

这儿 [zhèr] / 这里 [zhèli] : 여기, 이곳

招牌菜 [zhāopáicài] : 간판 요리 (= 拿手菜 [náshǒucài])

好吃 [hǎochī] : 형) 맛있다

* 오늘의 주제 – 생일

A : 今天是我的生日。 (오늘이 나의 생일이야.)
  [Jīntiān shì wǒ de shēngrì.]

B : 真的吗? 祝你生日快乐! (정말? 생일 축하해!!)
  [Zhēn de ma? Zhù nǐ shēngrì kuàilè.]

* 여기 와이파이 (WIFI) 되나요?

A : 这儿有无线网 (WIFI) 吗? : 여기 와이파이(인터넷) 되나요?
  [Zhèr yǒu wúxiànwǎng ma]

B : 没有。 : 안돼요.
  [Méiyǒu]

* 주문하기

A : 快点儿点菜吧 。 (빨리 주문하자.)
  [Kuài diǎnr diǎncài ba.]

B : 你要吃什么? (너 뭐 먹을 거니?)
  [Nǐ yào chī shénme?]

1) 快点儿 [Kuài diǎnr] : [부사] 빨리
2) 点菜 [diǎncài] : [동사] (요리를) 주문하다.

🌸 유행 인터넷 용어

1) 顶 [dǐng] : 다른 사람의 댓글 내용을 지지하다.
2) 路过 [lùguò] : 글을 보고 지나가다.
3) 潜水 [qiánshuǐ] : 댓글 없이 보기만 하다.
4) 网虫 [wǎngchóng] = 网民 [wǎngmín] : 네티즌
5) BF : 男朋友 [nánpéngyou] (남자친구 ; boyfriend)
6) GG : 哥哥 [gē·ge] : 형, 오빠
7) 520 : 我爱你 [wǒàinǐ] : 사랑해
8) 530 : 我想你 [wǒxiǎngnǐ] : 보고싶어
9) 555 : 呜呜呜 [wū wū wū] : 엉엉엉
10) 7456 : 气死我了 [qìsǐwǒle] : 화나 죽겠어

<중국 윈난성에 거주하는 나시족의 상형성이 짙은 동파문자>

이 글자는 '사랑하다(愛)'를 의미한다.
P는 바늘 침을 나타내며 사랑의 큐피트
화살을 맞듯이 사랑을 표현하고 있다.

第十五课。去北京站怎么走？
(북경역까지 어떻게 가나요?)

(一) 要多长时间？

A : 请问，去北京站怎么走？

[Qǐngwèn, qù běijīngzhàn zěnme zǒu?]

(말씀 좀 여쭤 볼께요, 북경역 어떻게 갑니까?)

B : 一直走，到十字路口往左拐。

[Yìzhí zǒu, dào shízìlùkǒu wǎng zuǒ guǎi.]

(일직선으로 가서 사거리 교차로에서 왼쪽으로 돌아갑니다.)

A : 劳驾，去北京图书馆坐几路车？

[Láojià, qù Běijīng Túshūguǎn zuò jǐlù chē？]

(실례합니다, 북경도서관에 몇 번 버스를 타고 갑니까?)

B : 过马路，坐138路。

[Guò mǎlù, zuò yīsānbā lù.]

(차길을 건너서, 138번 차를 타고 갑니다.)

A : 要坐几站？

[Yào zuò jǐ zhàn？]

(몇 정거장 더 가야 합니까?)

B : 坐两站就到。

[Zuò liǎng zhàn jiù dào.]

(두 정거장 더 가면, 도착합니다.)

A : 劳驾，去天坛公园在哪儿下车？

　　[Láojià, qù Tiāntán gōngyuán zài nǎr xiàchē?]

　　(天坛公园 가려면 어디에서 내려야 합니까?)

B : 在天坛北门站下车。

　　[Zài Tiāntán běimén zhàn xiàchē.]

　　(天坛北门站에서 내립니다.)

A : 还要多长时间？

　　[Háiyào duō cháng shíjiān？]

　　(시간이 얼마나 더 걸립니까?)

B : 十分钟左右。

　　[Shífēnzhōng zuǒyòu.]

　　(십 분 정도 걸립니다.)

（生词）

1) 怎么走 [zěnme zǒu] : 어떻게 가나요? (주로 길을 물을 때 사용
　　하는 표현)
　cf) 怎么去 [zěnme qù] : 어떻게 가나요? (주로 교통수단을 물을
　　　때 사용하는 표현)
2) 十字路口 [shízìlùkǒu] : 사거리, 십자대로
3) 往 [wǎng] : 　① [동사] (…로) 향하다.
　　　　　　　　② [개사] …쪽으로. …(을・를) 향해.
4) 过马路 [guò mǎlù] : 길을 건너다.
5) 坐 [zuò] : ① [동사] 앉다. ② [동사] (교통 도구를) 타다.
6) 左拐 [zuǒ guǎi] : 왼쪽으로 돌다.
　cf) 右拐 [yòu guǎi] : 오른쪽으로 돌다.
7) 下车 [xià chē] : 차에서 내리다.

※ 方位词

前边 - 后边 [qiánbian - hòubian]：앞쪽-뒤쪽

右边 - 左边 [yòubian - zuǒbian]：왼쪽-오른쪽

外边 - 里边 [wàibian - lǐbian]：바깥쪽-안쪽

上边 - 下边 - 中间 - 旁边：위쪽-아래쪽-중간-곁에

[shàngbian] - [xiàbian] - [zhōngjiān] - [pángbian]

东边 - 西边 - 南边 - 北边：동쪽-서쪽-남쪽-북쪽

[dōngbian] - [xībian] - [nánbian] - [běibian]

（二）我们在哪儿见面？

A：明天我们一起去故宫吧。（내일 우리 함께 고궁에 가자.）
[Míngtiān wǒmen yìqǐ qù Gùgōngba.]

B：好的。我们在哪儿见面？（좋아. 우리 어디에서 만날까?）
[Hǎode。Wǒmen zàinǎr jiànmiàn？]

A：在学校门口见面吧。（학교 문 앞에서 만나자.）
[Zài xuéxiào ménkǒu jiànmiàn ba.]

（三）你打算做什么？

A：这个暑假你打算做什么？（이번 여름방학에 무엇을 할 예정이니?）
[Zhè ge shǔjià nǐ dǎsuan zuò shénme？]

B：我打算去西安旅游。（서안에 여행 갈 계획이야.）
[Wǒ dǎsuan qù xī'ān lǚyóu.]

A：坐火车去还是坐飞机去？（기차 타고 가니 아니면 비행기 타고 가니?）
[Zuò huǒchē qù háishì zuò fēijī qù？]

B : 坐火车去。(기차 타고 가.)
　　[Zuò huǒchē qù.]

A : 离这儿多远？(여기서 얼마나 멀어?)
　　[Lí zhèr duō yuǎn?]

B : 从这儿到西安坐火车得二十多个小时。
　　[Cóng zhèr dào Xī'ān zuò huǒchē děi èrshí duōge xiǎoshí.]
　　(여기서 서안까지 기차 타고 가면, 20여 시간 걸려.)

A : 那么远！(그렇게 멀어!)
　　[Nàme yuǎn!]

B : 可是值得去看。你听说过兵马俑吧？
　　[Kěshì zhíde qù kàn, nǐ tīngshuōguo bīngmǎyǒng ba?]
　　(그러나 가서 볼 만한 가치가 있어. 너는 병마용 들어보았니?)
　　兵马俑在西安。(병마용이 서안에 있어.)
　　[Bīngmǎyǒng zài Xī'ān.]

（生词）

1）故宫 [Gùgōng] : 고궁, 자금성
2）暑假 [shǔjià] : 여름 휴가 (방학)
3）打算 [dǎsuan] : ~할 계획이다. 예정이다.
4）旅游 [lǚyóu] : 여행하다.
5）值得 [zhíde] : ~할 만하다. ~할 가치가 있다.
6）兵马俑 [Bīngmǎyǒng] : 병마용 (진시황제 무덤을 지키는 토용 병사)

※ A 还是 [háishì] B : A 또는 B ? => 선택식 의문문에 사용

〈黑龍潭公園[hēilóngtán gōngyuán] : 헤이룽탄 공원〉

〈 兵马俑[bīngmǎyǒng] : 병마용 〉

〈 전통염색공예마을 (云南省) 〉

〈 건강과 행복을 기원하는 의미에서 걸어놓은 동파문자들 (丽江) 〉

(脈) 现代汉语 语法篇
(脈) 핵심어법

1. 중국어의 기본 어순(1)

韩语) S + O + V : 나는 밥을 먹는다.

汉语) S + V + O : 我 + 吃 + 饭 (나는 먹는다 밥을)

例) 我 + 吃 + 早饭（午饭／晚饭）
  (주어) (술어)   (목적어)
  我 + 学 + 汉语（英语／韩语）
  S   V   O

我画画儿。[Wǒ huà huà(r).] : 나는 그림을 그린다.

你去学校吗？[Nǐ qù xuéxiào ma?] : 너는 학교에 가니?

他看书。[Tā kàn shū.] : 그는 책을 본다.

他看电影。[Tā kàn diànyǐng.] : 그는 영화를 본다.

她看电视。[Tā kàn diànshì.] : 그녀는 텔레비전을 본다.

她唱歌儿。[Tā chàng gē(r).] : 그녀는 노래를 부른다.

我喝咖啡。[Wǒ hē kāfēi.] : 나는 커피를 마신다.

cf) 중국어의 인칭 대명사

1인칭 : 나 - 我 [wǒ] : I

2인칭 : 너 - 你 [nǐ] : You

3인칭 : 그 - 他 [tā] : He / 그녀 - 她 [tā] : She
   그것 - 它 [tā] : It (사물이나 동물 지칭할 때)

* 们 : ~ 들 (복수형 접미사) ; 我们, 你们, 他们, 她们

例) 学生 =》学生们 (학생들), 同学 =》同学们 (같은 반 친구들)

1. 중국어의 어순(2)

부사어 관형어 주어
부사어 술어 보어 관형어 주어

2. 중국어의 의문문 / 의문대명사

1) 문장 끝에 ~吗?

例) 你吃饭了吗? : 너 밥 먹었니?
[Nǐ chīfàn le ma?]

2) 의문사 사용

例) 你学习什么? : 너는 무엇을 배우니?
[Nǐ xué shénme?]
你几岁? : 너는 몇 살이니?
[Nǐ jǐsuì?]
一共多少钱? : 모두 얼마입니까?
[Yígòng duōshao qián?]

3) 긍정 + 부정 (정반의문문)

例) 你来 + 不来? : 너는 오니, 안 오니?
　　　긍정 + 부정
[Nǐ lái bu lái?]
你去过中国没有? : 너는 중국에 가본 적이 있니, 없니?
[Nǐ qùguo Zhōngguó méiyǒu?]

3. 중국어의 양사(量詞)

1) 양사란?

사람이나 사물 또는 동작의 단위를 표시.

2) 양사의 종류

个, 本, 条, 杯, 瓶, 张, 次, 趟

[ge, běn, tiáo, bēi, píng, zhāng, cì, tàng]

＊＊ 수사 ＋ 양사 ＋ 명사 ＊＊

例) 一个人, 两本书, 三瓶啤酒。。。

(1) 个 [ge] ：개, 사람, 명 (사람과 사물에 모두 사용)

例)

两个梨 ：두 개의 배

[liǎngge lí]

三个人 ：세 사람

[sānge rén]

两个小时 ：두 시간

[liǎngge xiǎoshí]

一个想法 ：한 생각

[yíge xiǎngfǎ]

(2) 瓶 [píng] : 물이나 음료를 셀 때 (~병)

例）

两瓶酒 : 두 병의 술 (술 두 병)
[liǎngpíng jiǔ]

一瓶牛奶 : 한 병의 우유 (우유 한 병)
[yìpíng niúnǎi]

(3) 杯 [bēi] : 커피나 차처럼 잔에 들어 있는 것을 셀 때 (~잔)

例）

一杯茶 : 한 잔의 차
[yìbēi chá]

两杯咖啡 : 두 잔의 커피
[liǎngbēi kāfēi]

三杯可口可乐 : 세 잔의 콜라
[sānbēi kěkǒukělè]

(4) 本 [běn] : 책이나 서적류 등을 셀 때 (~권)

例）

一本词典 : 한 권의 사전
[yìběn cídiǎn]

两本书 : 두 권의 책
[liǎngběn shū]

三本杂志 : 세 권의 잡지
[sānběn zázhì]

（5）张 [zhāng] : 종이나 가죽, 침대 등을 셀 때 사용하는 양사 (~장)

　例）

　　三张羊皮 : 양가죽 세 장

　　[sānzhāng yángpí]

　　一张纸 : 종이 한 장

　　[yìzhāng zhǐ]

　　两张桌子 : 탁자 두 개

　　[liǎngzhāng zhuōzi]

　　一张床 : 침대 세 개

　　[yìzhāng chuáng]

（6）只 [zhī] : 주로 날 짐승이나 길짐승, 작은 동물들을 셀
　　　　　　　때 (~마리)

　例）

　　一只狗 : 개 한 마리

　　[yìzhī gǒu]

　　三只猫 : 고양이 세 마리

　　[sānzhī māo]

（7）支 [zhī] : 연필이나 볼펜 같은 막대 모양의 물건을 셀
　　　　　　　때 (~자루)

　例）

　　一支钢笔 : 만년필 한 자루

　　[yìzhī gāngbǐ]

三支铅笔 : 연필 세 자루
[sānzhī qiānbǐ]

四支笔 : 필기구 네 자루
[sìzhī bǐ]

(8) 口 [kǒu] : 사람, 식구 수를 셀 때
例)
四口人 : 네 식구
[sìkǒu rén]

(9) 碗 [wǎn] : 그릇, 공기, 사발을 셀 때
例)
一碗米饭 : 한 그릇의 밥
[yìwǎn mǐfàn]

两碗面条 : 두 그릇의 국수
[liǎngwǎn miàntiáo]

(10) 听 [tīng] : 캔을 셀 때
例)
三听可乐 : 콜라 한 캔
[sāntīng kělè]

(11) 件 [jiàn] : 옷, 사건 등을 셀 때
例)
一件衣服[yíjiàn yīfu] : 옷 한 벌
一件事情[yíjiàn shìqing] : 한 사건

（12）把 [bǎ] : 칼이나 우산 등 손잡이가 있는 것
　　例）
　　　三把刀 [sānbǎ dāo] : 칼 세 개
　　　一把雨伞 [yìbǎ yǔsǎn] : 우산 한 개

（13）双 [shuāng] : 두 개가 한 쌍인 것
　　例）
　　　一双手套 : 한 쌍의 장갑
　　　[yìshuāng shǒutào]

（14）套 [tào] : 여러 개가 세트인 것
　　例）
　　　一套棉被 : 솜이불 한 세트
　　　[yítào miánbèi]

（15）位 [wèi] : 연장자의 경우
　　例）
　　　两位教授 : 두 분의 교수
　　　[liǎngwèi jiàoshòu]

4. 보어(补语)

* 보어란?

=》 술어(동사, 형용사)뒤에 놓여 그 의미를 보충하는 성분
=》 결과보어, 방향보어, 가능보어, 정도 보어, 수량보어
　例： 看完,　　看出来,　　看得懂
　　　[kànwán] [kàn chūlai] [kàn de dǒng]

4.1 정도보어(程度补语)

정도보어(程度补语)

=> 동사나 형용사 뒤에 놓여, <u>동작이나 상태의 정도가 어떠한</u>
<u>지를 나타낸다.</u>

1) 정도보어의 기본 형식

＊ 동사 / 형용사 + 得 + 정도보어

例） 她说得很快。 : 그녀는 말이 빨라요.

　　　[Tā shuō de hěnkuài.]

她唱得很好。 : 그는 노래를 잘 불러요.

　　　[Tā chàng de hěnhǎo.]

＊ 목적어를 가진 동사인 경우, **뒤에 동사를 반복한 뒤 정도**
보어를 사용한다. 이때 처음 나온 동사는 생략이 가능.

=》(동사) + 목적어 + 동사 + 得 + 정도보어

(1) 他（说）汉语说得很好。 :

[Tā (shuō) hànyǔ shuō de hěnhǎo.]

=> 그는 중국어를 아주 잘 합니다.

(2) 她（做）菜做得好吃。 :

[Tā (zuò) cài zuò de hǎochī.]

=> 그녀는 요리를 아주 맛있게 만듭니다.

2) 정도보어 부정문

(동사)+목적어+동사+得+不/不太+정도보어
例)

　　　他（打）篮球打得不好。:
　　　[Tā (dǎ) lánqiú dǎ de bù hǎo.]
　　　=> 그는 농구를 못해요.

　　　我妈妈（开）车开得不太好。:
　　　[Wǒ māma (kāi) chē kāi de bú tài hǎo.]
　　　=> 저희 엄마는 운전을 잘 못 합니다.

3) 정도보어 의문문

(동사)+목적어+동사+得+정도보어+吗？
(동사)+목적어+동사+得+정도보어+不+정도보어？

(1) 他（踢）足球踢**得好吗**？
　　[Tā tī zúqiú tī de hǎo ma?]
　=> 그는 축구를 잘 합니까?

(2) 他（跑）步跑**得快不快**？
　　[Tā (pǎo) bù pǎo de kuài bu kuài?]
　=> 그는 달리기가 빠릅니까, 빠르지 않습니까?

4.2 결과보어(结果补语)

《결과보어》
　술어+보어+관형어+목적어

1) 결과보어란?

=> 술어(동사)뒤에 놓여, 술어가 나타내는 동작의 변화나 결과를 나타낸다.

例 : 吃饱了,　吃够了,　吃完了
　　[chībǎole] [chīgòule] [chīwánle]

2) 결과보어의 부정형식

=> 술어 앞에 没를 사용하여, 동작이 어떤 결과를 얻지 못했음을 나타낸다.

例 : 我还没喝完。　나는 아직 다 마시지 못했다.
　　[Wǒ hái méi hē wán.]
　　我没买到演唱会的票。　나는 음악회 티켓을 사지 못했다.
　　[Wǒ méi mǎi dào yǎnchànghuì de piào.]

cf) 가정문에서만 결과보어를 '没'로 부정할 수 있다. (例：不吃完，不能出去玩儿。[bù chī wán, bù néng chūqù wánr] - 다 먹지 않으면 나가서 놀 수 없다.)

3) 결과보어와 목적어의 위치

=》결과보어가 있는 문장에서의 목적어는 결과보어 뒤에 놓인다.
　주어 + 술어 + 결과보어 + 목적어
　例 : 打错电话了。　　전화를 잘 못 걸었다.
　　[Dǎ cuò diànhuà le.]

4) 결과보어의 의문형식

=> 일반적으로 문장 끝에 '吗'를 붙이면 의문문이 된다.

例 : 你喝完了吗 ?   너는 다 마셨니?
　　 [Nǐ hē wán le ma?]

(1) 주어 + 술어 + 결과보어 + 了没（有）? - **과거형 부정**
(2) 주어 + 술어 + 没 + 술어 + 결과보어

　 例 : 你喝完了没有 ?   너는 다 마셨니, 못 마셨니?
　　　 [Nǐ hē wán le méiyǒu?]
　　　 你喝没喝完 ?   너는 다 못 마셨니?
　　　 [Nǐ hē méi hē wán?]

《상용 결과보어》

1) 到 [dào]
　(1) 동작이 어떤 목적과 결과에 이르렀다.
　　 （例 : 猜到他的心。 - 그의 마음을 알았다.)
　　　 [Cāidào tā de xīn.]

　(2) 어떤 장소에 다다랐다. (例 : 搬到车上。 - 차로 옮겨라.)
　　　　　　　　　　　　　 [Bāndào chē shàng.]

　(3) 어느 시간까지 지속됐다.
　　 （例 : 活到2100年。 - 2100년까지 살았다.)
　　　 [Huódào 2100 nián.]

(4) 어떤 정도까지 이르렀다.

　　(例 : 学到48页。 - 48페이지까지 공부했다.)
　　　　[Xuédào sìshíbā yè.]

2) 好 [hǎo] : 동작이 완성됐다.

　　(例 : 饭做好了。 - 밥이 다 되었다.
　　　　[Fàn zuòhǎo le.]

　　　　学好汉语。 - 중국어를 마스터 하다.)
　　　　[Xuéhǎo hànyǔ.]

3) 着 [zhe] =》 동작이 어떤 목적과 결과에 이르렀다.

　　(例 : 睡着了。 - 잠들었다.)
　　　　[Shuìzháo le.]

4) 住 [zhù] =》 고정되었다.

　　(例 : 记住了。 - 기억해 뒀다.)
　　　　[Jìzhù le.]

5) 在 [zài] =》 고정되었다. 주로 장소 목적어가 뒤따른다.

　　(例 : 住在北京。 - 서울에 산다.)
　　　　[Zhùzài Běijīng.]

6) 给 [gěi] =》 이동되었다, 주로 사람이나 장소를 나타내는 목
　　　　　　　적어가 뒤따른다.

　　(例 : 送给朋友 - 친구에게 주다.)
　　　　[Sònggěi péngyou.]

7) 光 [guāng], 掉 [diào] =》 조금도 남지 않았다.

　　(例 : 吃光了。　　　吃掉了。　　 - 다 먹어 치우다.
　　　　[Chīguāng le.]　　[chīdiào le.]

8) 开 [kāi] => 분리하거나 이탈하다.

(例 : 请你把箱子打开, 这个消息很快传开了。)

[Qǐng nǐ bǎ xiāngzi dǎkāi, zhège xiāoxi hěnkuài chuánkāile.]

당신이 상자를 열어 이 소식이 더 빨리 전해졌다.

4.3 가능보어(可能补语)

1) "동사1 + 得 + 동사2 / 형용사"   => 肯定 (긍정)

2) "동사1 + 不 + 동사2 / 형용사"   => 否定 (부정)

 => "不能 + 동사1 + 동사2 / 형용사"의 의미

 例 : (1) 这么多菜, 我吃不完。

     [Zhèmeduō cài, wǒ chī bù wán.]

     => 이렇게 요리가 많다니, 나는 다 먹지 못한다.

   (2) 老师说话太快, 我们听不懂。

     [Lǎoshī shuōhuà tài kuài, wǒmen tīngbùdǒng.]

     => 선생님 말씀이 너무 빨라서, 우리들은 못 알아듣는다.

   (3) 那个字太小, 你看得见, 她看不见。

     [Nàge zì tài xiǎo, nǐ kàndejiàn, tā kànbújiàn.]

     => 저(그) 글자가 너무 작아서 너는 볼 수 있지만,

       그녀는 알아볼 수 없다.

< 练习 >

긍정 / 부정

(예시) 看清楚 -》看得清楚 / 看不清楚 (분명하게 볼 수 있다/없다)

听懂 -》   (듣고 이해할 수 있다 / 없다.)

喝完 -》   (다 마실 수 있다 / 없다.)

记住 -》   (기억할 수 있다 / 없다.)

洗干净 -》   (깨끗하게 씻을 수 있다 / 없다.)

学完 -》   (다 배울 수 있다 / 없다.)

看见 -》   (보고 알 수 있다 / 없다.)

做好 -》   (다 할 수 있다 / 없다.)

看到 -》   (볼 수 있다 / 없다.)

4.4 방향보어(方向补语)

=> 来 와 去 는 일부 동사의 뒤에서 보어로 쓰여 동작의 방향을 나타내며, 가볍게 경성으로 읽는다. 동작이 말하는 사람을 향해 이루어지면 来를 쓰고, 그 반대 방향으로 이루어지면 去를 쓴다. 이와 같이 동작의 방향에 대해 보충해 주는 来 와 去를 "방향보어" 라고 한다.

	上	下	进	出	回	过	起
来	上来 올라오다	下来 내려오다	进来 들어오다	出来 나오다	回来 돌아오다	过来 지나오다	起来 일어나다
去	上去 올라가다	下去 내려가다	进去 들어가다	出去 나가다	回去 돌아가다	过去 지나가다	x

(복합방향보어)

例） 她不在家，她已经出去了。

　　　[Tā bú zài jiā , tā yǐjīng chūqùle.]

　　　=> 그녀는 집에 없고, 이미 나갔다.

　　　外边很冷，你快进来吧。

　　　[Wàibiān hěn lěng , nǐ kuài jìnlái ba.]

　　　=> 바깥엔 매우 춥다, 빨리 들어와라.

▷ 장소 목적어의 위치

　　　목적어가 장소일 경우, 목적어는 방향보어 来 와 去
　　　앞에 위치해야 한다.

┌──┐
│　동사 + 장소 목적어 + 방향보어(来/去)　│
└──┘

例） 下个星期她回法国去。

　　　[Xià gè xīngqī tā huí Fǎguó qù.]

=> 다음 주에 그녀는 프랑스로 돌아간다.

　　　看来已经开始上课了，快进教室去吧。

　　　[Kànlái yǐjīng kāishǐ shàngkè le, kuàijìn jiàoshì qù ba.]

=> 보아하니, 수업이 시작된 것 같은데 빨리 교실에 들어가자.

4.5 시량보어(时量补语)

=》 동작이 지속된 시간

1) 주어 + 동사 (了) + 시량보어

　例） 他学了三个月。 : 그는 3개월 배웠다.

　　　[Tā xuéle sānge yuè.]

我看了<u>一个小时</u>。 : 나는 한 시간 보았다.
[Wǒ kànle yíge xiǎoshí.]

2) 种类(종류)

例） 一个小时 [yíge xiǎoshí] : 한 시간 (동안)
　　 一分钟 [yìfēnzhōng] : 일 분 (동안)
　　 一天 [yì tiān] : 하루 (동안) : 名量詞
　　 多长时间 [duō cháng shíjiān] : 얼마 (동안)

3) 동사 （了） + 시량보어 + （的） + 목적어 (일반명사)

例）
　(1) 他学了<u>三个月</u> (的) 汉语。
　　　[Tā xuéle sānge yuè de hànyǔ.]
　　　=> 그는 3개월 중국어를 배웠다.

　(2) 我看了<u>一个小时</u> （的）电视。
　　　[Wǒ kànle yíge xiǎoshí de diànshì.]
　　　=> 나는 1시간 동안 텔레비전을 보았다.

(주의!)

4) 동사 (了) + 목적어 (인칭대명사) + 시량보어

例） 我等了<u>她</u>半天。
　　 [Wǒ děng le tā bàntiān.]
　　 => 나는 그녀를 반나절 기다렸다.

5) 주어 + 동사 + 목적어 + 동사(了) + 시량보어

例) 她学汉语学了三个月。
　　　[Tā xué hànyǔ xuéle sāngè yuè.]
　　=> 그녀는 3개월 동안 중국어를 배웠다.

6) 주어 + 동사 + (목적어) + 시량보어 + 了

例)
　(1) 他去中国三年了。
　　　[Tā qù Zhōngguó sānnián le.]
　　=》그는 중국에 간 지 3년이 되었다.

　(2) 我毕业五年了。
　　　[Wǒ bìyè wǔnián le.]
　　=》나는 졸업을 한 지 5년이 되었다.

问)
　(1) 당신은 얼마 동안 전화를 했습니까?
　　=》你打了多长时间（的）电话？
　　　[Nǐ dǎle duō cháng shíjiān (de) diànhuà?]

　(2) 나는 북경에 온 지 2년이 되었다.
　　=》我来北京两年了。
　　　[Wǒ lái Běijīng liǎngnián le.]

5. 중국어의 시제

5.1 현재진행형(现在进行)

=》（正)在 … （呢）: …을 하고 있는 중이다.

例）

1）你在干什么呢？　　너는 뭐 하고 있니?
 [Nǐ zài gàn shénme ne?]

2）爸爸正在看书呢。　　아빠는 책을 읽고 계신다.
 [Bàba zhèngzài kànshū ne.]

3）妈妈在做菜。　　엄마는 요리를 하고 계신다.
 [Māma zài zuòcài.]

4）姐姐学习呢。　　언니는 공부하고 있다.
 [Jiějie xuéxí ne.]

5）弟弟正听音乐。　　남동생은 음악을 듣고 있는 중이다.
 [Dìdi zhèng tīng yīnyuè.]

6）哥哥在看电视呢。　　오빠는 T.V를 보고 있는 중이다.
 [Gēge zài kàn diànshì ne.]

5.2 과거형(过去)

* 중국어의 과거형 : 과거의 경험을 나타낸다.
 => 동사 + 过（過）

例 :

1）你去过中国吗？　　너는 중국에 갔다 온 적 있니?
 [Nǐ qùguo Zhōngguó ma?]

2) 你<u>吃</u>过韩国菜吗？　너는 한국 요리를 먹어본 적 있니?

     [Nǐ chīguo Hánguócài ma?]

3) 你<u>看</u>过美国电影吗？　너는 미국영화를 본 적이 있니?

     [Nǐ kànguo Měiguó diànyǐng ma?]

回答 :

1) 我还<u>没</u>去过中国。　나는 중국에 갔다 온 적이 없다.

     [Wǒ hái méi qùguo Zhōngguó.]

2) 我<u>没</u>吃过韩国菜。　나는 한국 요리를 먹어 본 적이 없다.

     [Wǒ méi chīguo Hánguó cài.]

3) 我还<u>没</u>看过日本电影。나는 일본 영화를 아직 본 적이 없다.

     [Wǒ hái méi kànguo Rìběn diànyǐng.]

6. 동사와 형용사의 중첩(重疊)

6.1 동사 중첩

=> 동사를 중첩하는 것은 중국어의 특징 중 하나이다. 동사가 중첩하여 가벼운 동작, 행위, 시도, 테스트, 시행, 가벼운 기분, 즐거운 느낌의 의미를 나타낸다.

1) 단음절 동사는 "AA, A—A, A了A" 로 중첩한다.

  例)　洗洗　　　洗一洗　　　洗了洗　　：좀 씻다.

      [xǐxi]　　[xǐ yi xǐ]　　[xǐ le xǐ]

问问　　　　　问一问　　　　问了问　：한번 묻다.
[wènwen]　　[wèn yi wèn]　[wèn le wèn]

2) 과거의 경우 "AA了"로 쓸 수 없다.

例)　问问　了　(X)

6.1.1 동사 중첩 방법

1) 단음절　동사 : AA　/　A了A(과거)　/　A―A
　=> "AA" 는 "A―下" 와도 같은 뜻이다.

例)　看看　=　看一下　좀 보다
　　[kànkan]　[kàn yíxià]

　　放放　/　放了放　/　放一放　（놓다）
　[fàngfang]　[fàng le fàng]　[fàng yi fàng]

　　看看　/　看了看　/　看一看　（보다）
　[kànkan]　[kàn le kàn]　[kàn yi kàn]

2) 쌍음절 동사 (글자수 2자) : ABAB　/　AB了AB(과거)
　=> 쌍음절 동사는 "ABAB" 로 중첩한다.

例)　学习学习　공부 좀 하다.　/　休息休息　한 번 좀 쉰다.
　[xuéxí xuéxí]　　　　　　　[xiūxi xiūxi]

* AB一AB 형식으로 중첩하지 않는다. 休息一休息。(X)

例) 讨论讨论   /   讨论了讨论
   [tǎolùn tǎolùn]   [tǎolùnle tǎolùn]

** 주의! : 쌍음절 동사의 중첩에서는 단음절 동사처럼
          AB一AB 해서는 안됨!!

3) "동사 + 목적어형" 이합사 (동빈식 동사)는 "<u>AAB, A了</u>
   <u>AB</u>" 로 중첩한다.

例)   聊聊天   散散步   见见面
   [liáoliáotiān]   [sànsànbù]   [jiànjiànmiàn]

     聊一聊天   散一散步
   [liáo yi liáotiān]   [sàn yi sànbù]

     聊了聊天   散了散步
   [liáole liáotiān]   [sànle sànbù]

4) 동작의 반복성을 강조하는 "A(B) 来 A(B)去 / A(B) 过来
   A(B) 过去"의 중첩도 있다. 이때 来, 去는 경성으로 읽는다.

例) 想来想去 이리저리 생각해보다.
    [xiǎnglai xiǎngqu]
    跑来跑去 이리저리 뛰어다니다.
    [pǎolai pǎoqu]
     走过来 走过去 왔다갔다 하다.
    [zǒuguòlai zǒuguòqu]

6.1.2 동사 중첩의 의미

1) <u>시간이 짧은 것</u>과 <u>과거</u>를 의미 : **A了A / AB了AB**

我让他尝了尝。　　나는 그로 하여금 맛보도록 했다.
[Wǒ ràng tā cháng le cháng.]

2) <u>예를 들면（比如说）</u> :

明天， 我想洗一洗衣服， 看一看电视。
[Míngtiān，wǒ xiǎng xǐ yì xǐyīfú ，kàn yi kàn diànshì.]

=> 내일 나는 옷을 좀 빨고, 텔레비전을 좀 보고, 공부할 것이다.

6.1.3 중첩을 쓰면 안 되는 경우 :

1) 동시 : 一边 ~ 一边 / 又 ~ 又
2) 진행 : 在 ~ 呢 / 着
3) 과거 : 了 / 过
4) 보어 앞 : 看看好 (X) 看好 (O)

*** 중첩할 수 없는 경우 ***

1) 심리동사(喜欢), 발전이나 변화, 존재, 판단, 소유(有, 在, 是), 방향(起, 出) 등의 동사

    例) 我有有两个妹妹。(X)
       我有两个妹妹。(O)
       [Wǒ yǒu liǎngge mèimei.]
       => 나는 두 명의 여동생이 있다.

       他是是老师。(X)
       他是老师。(O)
       [Tā shì lǎoshī.]
       => 그는 선생님이다.

2) 현재 진행 중인 동사

    例) 这几天我们正在学习学习太极拳。(X)
       这几天我们正在学习太极拳。(O)
       [Zhè jǐtiān wǒmen zhèngzài xuéxí tàijíquán.]
       => 요즘 우리는 태극권을 배우고 있어요.

3) 동사 뒤에 了, 着, 过 가 있을 때

    例) 我看看过这本书。(X)
       我看过这本书。(O)
       [Wǒ kànguo zhèběnshū.]
       => 나는 이 책을 본 적이 있다.

4) "한번 ~해 보다"의 동량보어

例) 我看看一下儿。 (X)

我看一下儿。 (O)

[Wǒ kàn yixiàr.]

=> 내가 좀 볼게요.

5) 동사 뒤에 보어가 올 때

例) 他写写得很快。 (X)

他写得很快。 (O)

[Tā xiě de hěnkuài.]

=> 그는 빨리 쓴다.

我等等了八个小时。 (X)

我等了八个小时。 (O)

[Wǒ děng le bāge xiǎoshí.]

=> 나는 8시간 기다렸다.

6) 동사가 관형어가 될 때

例) 他做做的菜很好吃。 (X)

他做的菜很好吃。 (O)

[Tā zuò de cài hěn hǎochī.]

=> 그가 만든 요리는 맛있다.

7) 연동문, 겸어문의 첫 번째 동사

例) 他去去图书馆借书了。 (X)
　　他去图书馆借书了。 (O)
　　[Tā qù túshūguǎn jièshū le.]
=> 그는 책을 빌리러 도서관에 갔다.

　　你请请他帮忙吧。 (X)
　　你请他帮忙吧。 (O)
　　[Nǐ qǐng tā bāngmáng ba.]
　=> 당신은 그에게 도와달라고 부탁하세요.

8) 목적어가 [+ 양사 + 목적어] 일 때, 즉 목적어가 "불특정 대상" 일 때

例) 我晚上去看看一位老师。 (X)
　　我晚上去看一位老师。 (O)
　　[Wǒ wǎnshàng qù kàn yíwèi lǎoshī.]
　=> 나는 저녁에 한 분의 선생님을 좀 보러 간다.

9) 加以 와 进行 뒤에 놓인 동사

　* 동사가 목적어로 사용될 경우

例) 这个问题需要进行讨论讨论。 (X)
　　这个问题需要进行讨论。 (O)
　　[Zhège wèntí xūyào jìnxíng tǎolùn.]
　=》이 문제는 토론을 진행할 필요가 있다.

** 一下 : 좀 – 해보다 **

例）

　　看一下 [kàn yíxià] : 좀 보다.

　　等一下 [děng yíxià] : 좀 기다리다.

6.2 형용사 중첩

=> 사람이나 사물의 모습, 성질을 나타내거나 동작, 행위
　 등의 상태를 설명한다.

* 심리동사, 형용사는 목적어를 가질 수 없다.

　例） 她很漂亮。[Tā hěn piàoliang.] : 그녀는 매우 예쁘다.

6.2.1 형용사의 특징

1) 부사 + 형용사
　 => 대부분의 형용사는 부사의 수식을 받을 수 있는데, 주로
　　 정도 부사의 수식을 받는다.

　例） 我很高兴。[Wǒ hěn gāoxing.] : 나는 매우 기쁘다.

　 * 정도 부사 : 很, 挺, 非常 등

2) 형용사 + 목적어
　 => 형용사는 목적어를 가질 수 없다.

例) 难汉语(X)   -》   汉语很难(O)

　　[Nán hànyǔ]   　　[Hànyǔ hěnnán]

　　(어려운 중국어)   (중국어는 어렵다.)

　　　复杂汉字(X)   -》   汉字很复杂(O)

　　　[Fùzá hànzì]   　　[Hànzì hěn fùzá]

　　　(복잡한 한자)   (한자는 복잡하다.)

3) 형용사의 부정

형용사를 부정할 때는 일반적으로 "不"를 사용한다.
  =》 不 + 형용사

例) 这件衣服不贵。: 이 옷은 비싸지 않다
　　[Zhè jiàn yīfu bú guì.]

cf) 변화가 없음을 나타낼 때에는 "没"를 사용.

例) 病还没好。[Bing hái méi hǎo] : 병이 여전히 좋아지지 않았다.

(주로 还 와 没 는 같이 나옴. 단, 了는 붙일 수 없다.)

6.2.2 형용사의 중첩

=> 형용사를 중첩했을 경우에는
　　정도가 강해지고 감정적 색채를 가지게 된다.

例) 兔子有红红的眼睛。(새빨간 눈을 가지고 있다.)
　　[Tùzi yǒu hónghóng de yǎnjing.]

(1) 1음절

  AA : 大大 , 小小 , 轻轻

(2) 2음절 : AABB => 정도가 강해짐을 나타낸다.

  例) 漂亮 =》漂漂亮亮 [piàopiào liàngliàng]

  　　清楚 =》清清楚楚 [qīngqīng chǔchǔ]

1) 형용사의 중첩 방식

- 단음절 : AA

  ex) 红红的 , 好好的 , 胖胖的 , 帅帅的

  　　（的를 자주 붙임!)

- 장음절

  ABAB : 雪白雪白 [xuěbái xuěbái] (눈처럼 새하얗다) /

  　　　　碧绿碧绿 [bìlǜ bìlǜ] (녹색 ↑)

  AABB : 明明白白 [míngmíng báibái] / 老老实实 [lǎolǎo shíshí] (아

  　　　　주 성실) / 整整齐齐 [zhěngzhěng qíqí] (아주 깔끔)

  A里AB : 糊里糊涂 [húli hútú] (흐리멍텅하다) /

  　　　　土里土气 [tǔli tǔqi] (촌스럽다) /

  　　　　啰里啰唆 [luōli luōsuō] (잔소리가 많다) /

  　　　　傻里傻气 [shǎli shǎqì] (바보 같다)

2) 형용사 중첩의 의미

① 정도를 강하게 : 很 보다 강한 느낌

② 부정적인 의미 : 糊里糊涂 [húli hútú] (흐리멍텅하다)

　　　　　　　　　 土里土气 [tǔli tǔqi] (촌스럽다)

　　　　　　　　　 啰里啰唆 [luōli luōsuō] (잔소리가 많다)

　　　　　　　　　 傻里傻气 [shǎli shǎqì] (바보같다)

　　　　　　　　　 小里小气 [xiǎoli xiǎoqì]] (짠순 짠돌)

③ 몇몇 형용사들은 중첩이 안 되지만 그것은 외워 나가야 함!

7. 이합사(离合词)

* 离合词 [líhécí] : 떨어졌다 붙었다 할 수 있는 단어

1) 술어와 목적어가 합쳐진 2음절 동사

2) 1음절 동사형 단어 + 명사형 단어
   => 结 [jié] 묶다(술어) + 婚 [hūn] 혼인(목적어) = 结婚 [jiéhūn]
   결혼하다(이합동사)

3) 뒤에 다른 목적어가 올 수 없다.
   例)
     结婚 [jiéhūn] : 결혼하다
     结의 목적어는 婚

4) 목적어가 동사 앞에 올 때 : 개사 + 목적어 (개사구)

   개사+명사 구조로 이루어진 문장을 개사구 라고 한다.
   이 개사구는 문장 안에서 일반적으로 부사어 역할을 하며,
   대부분 술어 앞에 위치한다. 하지만 이합동사를 사용할 경우
   '개사 + 목적어' 형태로 사용한다.

   例) 我想和他见面。 [Wǒ xiǎng hé tā jiànmiàn.]
     => 나는 그녀를 만나고 싶다。

   * 见面 [jiànmiàn] : 만나다, 대면하다 (이합동사)

5) 조사, 보어, 수량사 등은 이합사 사이에 온다。

　例) 从未见过面。 [Cóngwèi jiànguo miàn.]
　　=> 지금까지 한 번도 만난 적이 없다。

6) 동사 중첩은 동사 부분만 반복한 AAB 형태

　例) 见面 → 见见面

▷ 자주 사용하는 이합동사

　跳舞 [tiàowǔ] : 춤을 추다
　帮忙 [bāngmáng] : 도와주다
　生气 [shēngqì] : 화내다
　毕业 [bìyè] : 졸업하다

8. 동량사(动量词)

=》 동작을 세는 단위

1) 次 [cì] : 동작의 횟수를 나타낼 때

　例) 我们讨论过一次。 : 우리들은 한번 토론한 적이 있다.
　　[Wǒmen tǎolùnguo yícì.]

　我是第一次来北京。 : 나는 처음으로 베이징에 왔다.
　[Wǒ shì dìyícì lái Běijīng.]

我去过中国一次。 : 나는 중국에 한 번 다녀온 적이 있다.
[Wǒ qùguo Zhōngguó yícì.]

我去过三次中国。 : 나는 세 번 중국에 다녀왔다.
[Wǒ qùguo sāncì Zhōngguó.]

去过三次，来过好几次。 : 세 번 간 적이 있고, 몇 번 온 적이 있다.
[Qùguo sāncì, láiguo hǎo jǐcì.]

爸爸去了三次美国。 : 아빠는 세 번 미국에 갔었다.
[Bàba qùle sāncì Měiguó.]

그러나, 목적어가 인칭대명사일 경우 동량사는 <u>목적어</u>
<u>뒤에만</u> 올 수 있다.

我见过他一次。 : 나는 그를 한 번 본 적이 있다.
[Wǒ jiànguo tā yícì.]

2） 遍 [biàn] : 동작의 시작부터 끝까지의 전체적인 과정을
의미할 때 사용

例) 再说一遍 : 다시 한번 더 말씀해 주세요.
[Zàishuō yíbiàn.]

3） 一下 [yíxià] : 한 번의 짧은 동작이나 행위 (가볍게 한
번 해본다는 의미)
=> *동사의 뒤에서 보어 역할을 함

例) 看一下 : 좀 보자.
[Kàn yíxià.]

4） 趟 [tàng] : 번, 회 [동작의 왕복을 나타냄]

例） 去了一趟中国。 : 중국에 한 번 다녀 왔다.
   [Qù le yítàng Zhōngguó.]

   对不起，你再去一趟。 : 미안해, 너 다시 한번 더 가봐.
   [Duìbuqǐ, nǐ zài qù yítàng.]

5） 阵 [zhèn] : 잠시동안 지속되는 일이나 현상을 세는 단위

例） 一阵风刮来，几阵雨，一阵剧烈的疼痛。
   [Yízhènfēng guālái, jǐ zhènyǔ, yízhèn jùliè de téngtòng.]
   => 바람이 한 차례 불고, 비가 몇 차례 오더니, 극심한
      고통이 있었다. (*剧烈: 격렬한, 극심한)

[참고]
주로 비, 바람, 소리, 감각 등에 쓰임

* 차용 동량사 : 동작 행위의 도구나 인체 기관과 관련되어있는
               명사를 동량사로 사용한다.

6） 步 [bù] : **보, 걸음**

例） 走一步 [zǒu yíbù] : 한 보 가다.
   进一步 [jìn yíbù] : 한 보 들어가다.

7) 脚 [jiǎo] : ˘ 발

　　例）迈一脚 [mài yìjiǎo] : 한 발 나아가다.

8) 口 [kǒu]

　　① 식구 [사람을 셀 때 쓰임]

　　　例）五口人 [wǔkǒu rén] : 다섯 식구

　　② 입, 모금, 마디 [입과 관련된 동작의 회수를 나타냄]

　　　例）一口吃一个 [yìkǒu chī yígè] : 한 번에 한 개를 먹다.

9) 眼 [yǎn] : [우물, 구멍 등과 눈으로 보는 횟수를 세는 데
　　　　　　　쓰임]

　　例）看一眼 [kàn yìyǎn] : 흘긋 한번 보다.

10) 针 [zhēn] : 대, 땀, 코 [주사의 횟수, 바느질의 땀 등을
　　　　　　　세는 데 쓰임]

　　例）打一针 [dǎ yìzhēn] : 주사를 한 방 놓다.
　　　　一针一线 [yìzhēn xiàn] : 바느질 한 땀

** 동량사의 위치 **

1) 동량사가 있는 문장에서 <u>목적어가 있을 경우</u>, 그 목적어의 성격에 따라 문장에서 위치가 달라진다.

2) 목적어가 일반명사일 경우는 <u>동량사 뒤에 쓰이고</u>, 목적어가 대명사나 인칭대명사일 경우는 <u>동량사 앞에 쓰인다.</u>

3) 동사 뒤에 다른 성분(조사 "了", "过" 따위)이 있거나, 목적어가 길거나 혹은 기정의 사실을 나타낼 때, 목적어를 문장 앞에 둘 수 있다.

例)
(1) 一年之中我们只见过两次面。
   [Yìnián zhīzhōng wǒmen zhǐ jiànguo liǎngcì miàn.]
   => 1년 동안 우리들은 단지 두 번 본 적이 있다.

(2) 今天早上我念了三遍课文。
   [Jīntiān zǎoshang wǒ niàn le sānbiàn kèwén.]
   => 오늘 아침 나는 본문을 세 번 읽었다.

(3) 昨天也下了两场雨。
   [Zuótiān yě xià le liǎngchǎng yǔ.]
   => 어제도 두 차례 비가 내렸다.

(4) 他在北京工作的时候，我拜访过他两次。
   [Tā zài Běijīng gōngzuò de shíhou, wǒ bàifǎngguo tā liǎngcì.]

=> 그가 베이징에서 일할 때, 나는 두 차례 방문한 적이
있다.

(5) 我劝过他一次, 他不肯听。
   [Wǒ quànguo tā yícì, tā bùkěn tīng.]
   => 내가 그에게 한 번 권한 적이 있으나, 그는 들으려 하지
   않았다.

(6) 上午就找过你两次。
   [Shàngwǔ jiù zhǎoguo nǐ liǎngcì.]
   => 오전에 너를 두 번 찾은 적이 있다.

9. '在'의 용법

1) ~에 있다. (동사로 사용)

   例) 你在哪儿?   : 너는 어디에 있니?
      [Nǐ zài nǎr?]

2) ~을 하고 있는 중이다. (현재 진행형) : 在 + 동사(v)

   例) 我在学习汉语。 : 나는 중국어를 공부하고 있는 중이다.
      [Wǒ zài xuéxí hànyǔ.]

      我在看电视。 : 나는 텔레비전을 보고 있는 중이다.
      [Wǒ zài kàn diànshì.]

3) ~에, ~에서 (개사로 사용) : 在 + <u>장소</u>를 나타내는 표현

　例) 我在图书馆看书 ： 나는 도서관에서 책을 본다.
　　　[Wǒ zài túshūguǎn kàn shū.]

10. 능원동사(能愿动词)

1) 能 [néng] : 주로 능력을 강조.

　例) 明天你能来吗？ 我不能来。
　　　[Míngtiān nǐ néng lái ma? Wǒ bùnéng lái.]
　　　=> 너 내일 올 수 있니? 나는 못 와.

2) 会 [huì] : 주로 배워서 할 수 있는 경우=>"~할 수 있다"
　　　　　　　로 해석, 부정은 "不会"

　例) 你会说汉语吗？
　　　[Nǐ huì shuō hànyǔ ma?]
　　　=> 너는 중국어 말할 수 있니?

　　　你会做中国菜吗？
　　　[Nǐ huì zuò Zhōngguócài ma?]
　　　=> 너는 중국 요리 할 수 있니?

　　　我会开车。
　　　[Wǒ huì kāichē.]
　　　=> 나는 운전을 할 수 있다.

我不会游泳。

[Wǒ búhuì yóuyǒng.]

=> 나는 운전을 할 수 없다.

3) 想 [xiǎng] : 개인적인 감정이나 의지 => "~하고 싶다"

例) 我很想吃汉堡包。

[Wǒ hěn xiǎng chī hànbǎobāo.]

=> 나는 햄버거를 매우 먹고 싶다.

我想喝咖啡。

[Wǒ xiǎng hē kāfēi.]

=> 나는 커피를 마시고 싶다.

我不想去。

[Wǒ bùxiǎng qù.]

=> 나는 가고 싶지 않다.

4) 可以 [kěyǐ] : 허가나 허락을 구할 때, 부정은 不可以。

例) 我可以进去吗?

[Wǒ kěyǐ jìnqù ma?]

=> 들어가도 될까요?

你不可以在这儿抽烟。

[Nǐ bùkěyǐ zài zhèr chōuyān.]

=> 당신은 여기서 담배를 피울 수 없습니다.

11. 把자문

=> 把가 들어간 처치식 구문

1) <u>주어 + 把 + 목적어 + 동사</u>+...
   => (S + 把 + O + V)

=> 목적어가 길거나 강조하는 내용이 있을 때 사용한다.

例) (1) 他把我的书弄丢了。
   [Tā bǎ wǒ de shū nòng diū le.]
   => 그는 나의 책을 잃어버렸다.

(2) 老师把门关上了。
   [Lǎoshī bǎ mén guān shàng le.]
   => 선생님은 문을 닫으셨다.

(3) 请把空调打开。
   [Qǐng bǎ kōngtiáo dǎkāi.]
   => 에어컨을 켜 주세요.

2) <u>부정형식</u>은 "주어 + 没/别 + 把 + 목적어 + 동사 + ..."

例) (1) 他没把我的书弄丢。
   [Tā méi bǎ wǒ de shū nòngdiū.]
   => 그는 나의 책을 잃어버리지 않았다.

(2) 老师没把门关上。

[Lǎoshī méi bǎmén guānshàng.]

=> 선생님은 문을 닫지 않으셨다.

(3) 别把空调打开。

[Bié bǎ kōngtiáo dǎkāi.]

=> 에어컨을 켜지 마세요.

3) 替换练习(교체연습)

(1) 我把作业做完了。

[Wǒ bǎ zuòyè zuòwánle.]

=> 나는 숙제를 다 했다.

(2) 他们把茶喝完了。

[Tāmen bǎ chá hēwán le.]

=> 그들은 차를 다 마셨다.

(3) 他把钱包弄丢了。

[Tā bǎ qiánbāo nòng diū le.]

=> 그는 지갑을 잃어버렸다.

(4) 昨天我们把钱花完了。

[Zuótiān wǒmen bǎ qián huā wán le.]

=> 어제 우리들은 돈을 다 써버렸다.

(5) 弟弟把衣服弄湿了。

[Dìdi bǎ yīfu nòng shī le.]

=> 남동생이 옷을 적셔 놓았다.

（6）你把衣服放在这儿吧。

　　[Nǐ bǎ yīfu fàngzài zher ba.]

　　=> 옷을 이곳에 놓으세요.

12. 피동문

1) 被 자문은 '~에 의해 ~을 당해서 어떤 결과가 나왔다' 라는 피동의 의미를 나타내며, 让[ràng], 叫[jiào]를 쓸 수 있다.

=> 주어(행위 객체)+被+목적어(행위 주체)+동사+기타 성분(了/결과보어)

例）我的钱包被小偷儿偷了。

　　[Wǒ de qiánbāo bèi tōu le.]

　　=> 내 지갑을 도둑에게 도둑맞았다.

2) 행위자가 누구인지 분명치 않거나 밝힐 수 없을 때는 人으로 대체하거나 행위자를 생략할 수 있다.

例）那本书被人借走了。

　　[Nà běn shū bèi rén jiè zǒu le.]

　　=> 그 책은 빌려 갔다.

　　朋友的护照被偷走了。

　　[Péngyou de hùzhào bèi tōuzǒu le.]

　　=> 친구의 여권은 도둑맞았다.

3) 부정부사, 조동사, 시간부사는 모두 被 앞에 쓴다.

例) 她的自行车已经被小李借走了。
　　[Tā de zìxíngchē yǐjing bèi xiǎolǐ jiè zǒule.]
　　=> 그녀의 자전거는 이미 小李가 빌려 갔다.

13. 연동문(连动)

=> 동일한 하나의 주어에 대해, 두 개 이상의 동사나 동사구를 연이어 배열하면 순서에 따라 동작이 발생함을 나타낼 수 있는데, 이러한 문장을 연동문이라고 한다.

　　　　　　　　　　동사1　동사2
例)　1) 我们 一起 去 玩儿 吧。 : 우리 함께 놀러 가자.
　　　　[Wǒmen yìqǐ qù wánr ba.]

　　　　　　　　　　동사1　　동사2
　　2) 你 明天 来 我家 吃饭， 好吗？
　　　　[Nǐ míngtiān lái wǒjiā chīfàn，hǎo ma？]
　　　　=> 너 내일 우리 집에 밥 먹으러 올래?

《练习》

=> 두 문장을 합쳐서 하나의 문장으로 표현한다.

1) 我去他家。(나는 그의 집에 간다.) + 我吃饭。(나는 밥을 먹는다.)
　　[Wǒ qù Tājiā]　　　　　　　　　　[Wǒ chīfàn]

-> 我去他家吃饭。

  [wǒ qù tājiā chīfàn]   (나는 밥 먹으러 그의 집에 간다.)

2) 我去中国。(나는 중국에 간다.) + 我学汉语。(나는 중국어를 배운다.)

  [Wǒ qù Zhōngguó]   [Wǒ xué hànyǔ]

  -> 我去中国学汉语。   (나는 중국어를 배우러 중국에 간다.)

    [wǒ qù zhōngguó xué hànyǔ]

3) 他来韩国。(그는 한국에 온다.) + 他见朋友。(그는 친구를 만난다.)

  [Tā lái Hánguó]   [Tā jiàn péngyou]

  -> 他来韩国见朋友。   (그는 친구를 만나러 한국에 온다.)

    [tā lái hánguó jiàn péngyǒu]

14. 비교문(比较)

1) 비교문의 기본 형식

  => A + 比 + B + 서술어(형용사) : A가 B보다 -하다.

      [bǐ]

例) 今天比昨天热。(오늘이 어제보다 덥다.)

    [Jīntiān bǐ zuótiān rè.]

※ 비교문에서는 정도부사 <u>很，非常，太</u>는 사용할 수 없고 반드시 <u>还</u> 이나 <u>更</u>을 사용해야 한다.

=> A + 比 + B + 还[hái] / 更[gèng] + 서술어(형용사) :
　　A가 B보다 더 ~하다.

例) 我家比他家更远。(나의 집은 그의 집 보다 더 멀다.)
　　[Wǒjiā bǐ Tājiā gèng yuǎn.]

2) 비교문 부정형

=> 비교문을 부정할 때는 "没有" 사용. 이때 没有은 '없다'의
　뜻이 아니라, '-만큼 ~하지 않다'는 의미이다.

例) 这个没有那个好看。(이것은 저것만큼 예쁘지 않다.)
　　[Zhège méiyǒu nàge hǎokàn.]

3) 跟 … 一样　(비교의 결과 표현)

=> 'A 跟 B 一样'은 'A와 B가 같다'는 뜻으로, 비교의 결과
　두 대상이 동일할 때 사용. 두 대상이 동일하지 않을 때는
　'A 跟 B 不一样'

例) 她的衣服跟我的一样。　(그녀의 옷은 나의 것과 같다.)
　　[Tā de yīfu gēn wǒ de yíyàng.]

　　他的书跟我的不一样。　(그의 책은 나의 것과 같지 않다.)
　　[Tā de shū gēn wǒ de bù yíyàng.]

4) 跟[gēn] … 一样[yíyàng]　(비교의 결과를 구체적으로 표현)
=> A + 跟 + B + 一样 + 형용사 : A는 B처럼 …하다.

例) 这本书跟那本书一样有意思。(이 책은 저 책처럼 재미있다.)
　　[Zhè běnshū gēn nàběnshū yíyàng yǒuyìsi.]

15. 겸어문

 한 문장 안에 동사가 두 개 나오면서, 앞에 나오는 동사의 목적어가 뒤에 나오는 동사의 주어 역할을 겸하는 문장을 "겸어문" 이라고 한다.

▷ 겸어문의 기본 구조

주어1 동사1 목적어

你　请　她　打　电话　吧!
Nǐ　qǐng　tā　dǎ　diànhuà　ba!

　　　　주어2　동사2　　목적어

=> 겸어문은 주로 사역의 의미를 갖는 동사로 구성된다. 대표적인 사역동사로는 '请', '叫' 등을 들 수 있다.

1) 请 : "请 + 인칭대사 + 동사" 의 형식으로 쓰여 '~에게 ~하도록 (요)청하다' 라는 의미를 나타낸다.

例）我想请你吃饭。 : 나는 너를 식사에 초대하고 싶다.
　　[Wǒ xiǎng qǐng nǐ chīfàn.]

2) 叫 : "叫 + 인칭대사 + 동사" 의 형식으로 쓰여 '~에게 ~하도록 시키다' 라는 의미를 나타낸다.

例）你叫他明天回来吧! : 너는 그에게 내일 돌아오라고 해라!
　　[Nǐ jiào tā míngtiān huílái ba!]

* 吧 [ba] (조사) : ~하자, ~해라, ~ 일 것이다. [문장 끝에 쓰여 제안, 명령을 부드럽게 하거나 추측의 의미를 나타냄]

16. 접속사

1) 병렬관계
* 두 개나 두 개 이상의 동작이 동시에 진행됨을 나타낸다.

(1) 一边 [yìbiān] ..., 一边 [yìbiān] ...
    => (- 하면서, - 하다.)

例) 姐姐一边说, 一边笑, 得意极了。
    [Jiějie yìbiān shuō, yìbiān xiào, déyì jíle.]
    => 누나는 웃으며 말하면서도 매우 의기양양하다.

(2) 一面 [yímiàn] ..., 一面 [yímiàn] ...
    => (- 하면서, - 하다.)

例) 他们一面唱歌, 一面跳舞。
    [Tāmen yímiàn chànggē yímiàn tiàowǔ.]
    => 그들은 노래를 부르면서 한편으로 춤을 춘다.

* 몇 가지 상황, 성질, 동작이 동시에 존재함을 나타낸다.

(3) 又 [yòu] ..., 又 [yòu] ...
    => (- 이고, - 이다.)

例）这个小姑娘，又聪明，又漂亮。

　　　[Zhège xiǎogūniang, yòu cōngmíng, yòu piàoliang.]

　　　=> 이 소녀는 예쁘고 총명하다.

(4) 也 [yě] ..., 也 [yě] ...

　=> (- 도, -도)

例）这也是好的，那也是好的。

　　　[Zhè yě shì hǎo de, nà yě shì hǎo de.]

　　　=> 이것도 좋고, 저것도 좋다.

(5) 既 [jì] ..., 又 [yòu] / 也 [yě] ...

　=> (- 할 뿐만 아니라, - 도)

例）他既要工作，又要学习。

　　　[Tā jìyào gōngzuò, yòu yào xuéxí.]

　　　=> 그는 일을 해야 할 뿐만 아니라, 공부도 해야 한다.

2) 승접(承接) 관계

　=> 동작 사건이 발생한 전후 순서를 나타낸다.

(1) (首) 先 [(shǒu) xiān] ..., 然后 [ránhòu] ...

　=> (먼저 - 하고, 그리고 나서 - 한다.)

例）先请老李介绍一下情况，然后大家再讨论。
[Xiān qǐng lǎo lǐ jièshào yíxià qíngkuàng, ránhòu dàjiā zài tǎolùn.]

=> 먼저 老李에게 소개해 주도록 하세요, 그리고 나서 다시
의논해요.

(2) 先 [xiān] …, 接着 [jiēzhe] …

=> (먼저 - 하고, 이어서 - 한다.)

例) 我先走了，接着他也走了。

[Wǒ xiān zǒule, jiēzhe tā yě zǒule.]

=> 먼저 내가 갔는데, 이어서 그도 갔다.

(3) …, 于是 [yúshì] …

=> (-, 그래서 -)

例) 这个词学生们都不太明白，于是老师又给大家讲了一遍。

[Zhège cí xuéshengmen dōu bú tài míngbai, yúshì lǎoshī
yòu gěi dàjiā jiǎngle yíbiàn.]

=> 학생들이 이 단어를 모두 잘 몰라서, 선생님이 또 한 번
설명해 주셨다.

(4) …, 就 [jiù] …

=> (- 하자마자 곧 - 하다)

=> '就'는 앞뒤 두 가지 일이 연달아 발생한 시간의
간격이 매우 짧음을 나타낸다.

例) 你吃什么，我就做什么。

[Nǐ chī shénme, wǒ jiù zuò shénme.]

=> 당신이 뭘 먹겠다고 하면, 제가 곧 그걸 만들게요.

(主意!) 앞뒤 문장의 주어가 다르면, 就는 주어의 뒤에 놓인다.

(5) …, 又 [yòu] …

　=> (- 하고, 또 - 하다)

　=> 又는 앞의 행동이나 상황이 중복해서 발생함을
　　　나타낸다.

　例) 我下午给他打了电话，晚上又给他打了电话。

　　　[Wǒ xiàwǔ gěi tā dǎ le diànhuà, wǎnshang yòu gěi tā dǎ
　　　le diànhuà.]

　　　=> 나는 오후에 그에게 전화를 했고, 저녁에 또 그에게
　　　　　전화를 했다.

(主意!) 앞뒤 문장의 주어가 다를 때, 又는 주어 뒤에 놓인다.

사람과 사람이 만나면 역사가 이루어지고,

사람과 하나님이 만나면 기적이 이루어진다!!!

≪ 中国 文化 探究 ≫

1 中国의 이해

☺ 행정구역

- 중국은 23개 성, 5개 자치구, 수도 베이징을 포함한 4개의 직할시와 2개의 특별행정구(홍콩, 마카오)로 이루어져 있다.

 ※ 직할시 : 베이징(北京: 북경), 텐진(天津: 천진),
           상하이(上海: 상해), 충칭(重庆: 중경)

- 우리가 '대만' 이라고 부르는 '타이완(台湾)' 은 중국에서는 23개 성(省)의 하나로 포함 시키지만, 실제로는 중국 정부의 행정권이 미치지 않는 독자적인 정부를 구성하고 있다.

☺ 국기

- **빨간색** 바탕에 다섯 개의 노란 별로 구성된
  중국의 국기를 오성홍기(五星红旗)라고 한다.
- 여기서 큰 별은 중국 공산당을 상징하고,
  이를 둘러싼 네 개의 작은 별은 노동자, 농민, 도시 소자본 계급, 민
  족자산 계급을 상징한다.

☺ 민족
- 단일민족인 우리나라와는 달리, 중국이라는 넓은 땅에는 56개의 다
  양한 민족들이 어울려 살고 있다.
- 한족(汉族)이 대부분을 차지하고 있으며, 나머지 55개의 소수민족
  중 수가 많은 몽골족, 회족, 위구르족, 티벳족, 장족은 각각의 자치
  구를 이루어 생활하고 있다.

☺ 주요 강산
- 5악(五岳) : 동_타이산(泰山: 태산), 서_화산(华山: 화산), 남_형
  산(衡山: 형산), 북_형산(恒山: 항산), 중_충산(崇山: 숭산)
- 5대 명산 : 타이산(泰山), 황산(黄山), 우이산(武夷山: 무이산),
  어메이산(蛾嵋山: 아미산), 루산(庐山: 여산)
- 2대강 : 황허(黄河: 황하), 창장(长江: 장강, 양쯔강)

2 中国 文字

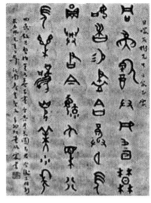

< 갑골문(甲骨文) >   < 서주 금문(周代 金文) >

　중국 문자는 한자(漢字)이다. 그리고 한자의 기원은 상(商)나라에서
사용된 갑골 문자에서 찾고 있다. 따라서 문자로 기록된 商의 역사부
터 우리는 역사 시대로 간주한다. 그러나 역사 시대 이전인 선사시대
의 신석기 시대 토기 가운데에서도 어떤 뜻을 의미하는 부호나 어떤
것을 상징하는 그림이 보이고 있어, 이를 도문자(陶文字)라고 하여 한
자의 기원으로 보려는 의견도 있다.

　그러나 한자의 기원은 대부분 갑골 문자라고 한다. 갑골은 이전부
터 은허에서 출토되었으나 1899년에 국자감 제주 왕의영(王懿榮)이 처
음으로 문자로 보았고, 해석은 1904년부터였다. 현재까지 파악된 글자
는 대략 5,000자 정도이며(현재 소장된 갑골의 수는 약 16만 편), 해독
이 되는 글자 수는 2,200자 정도이다. 대체로 갑골 문자의 구성은 한
자의 상형(象形), 지사(指事), 가차(假借), 형성(形聲), 회의(會意), 전주
(轉注) 등 육서(六書)의 규칙을 갖추고 있다.

상형은 그림으로 표현한 것으로, 문자 발명의 최초 단계이다. 예를 들면 일(日), 월(月), 목(木) 과 같은 것이다. 지사는 사실을 표현하는 것으로, 예를 들면 상(上)은 로, 하(下)는 와 같은 것이다. 가차는 상형과 지사로 불충분할 때 상형자의 소리를 빌려 같은 음의 다른 사실을 표현하는 방법으로, 갑골문의 來[오다 래]는 로 처음에는 소맥(小麥)의 이름이었다. 형성은 가차에 하나 더하여, 같은 음의 글자를 구별하기가 쉽지 않아 편방(偏旁)을 첨가한 것으로, 예를 들면 사(祀)의 경우 [제사 사]라고 쓰는데, 왼쪽은 뜻이고 오른쪽은 음에서 취한 것이다. 회의는 두 글자의 뜻을 합성한 것이며, 전주는 한 글자를 다른 뜻으로 전용한 것으로 즐거울 락(樂)을 풍류 악(樂)으로 쓰고 있는 경우이다.

갑골 문자와 함께 청동기에 새겨진 명문(銘文)도 있는데, 이는 갑골 문자와 같은 계열로 서주 시대의 청동기에서 많이 보이고 있으며, 한자 발전의 한 과정으로 보고 있다. 즉, 갑골 문자가 그림 그리듯이 그리는 것이라면, 금문(金文)은 그리기보다는 쓰는 글자이며 부호적인 성격이 점차 강하였다. 또, 시대가 뒤로 갈수록 간단해졌다.

전국 시대에 각국은 문자 쓰는 방법을 독자적으로 발전시켜 오히려 같은 글자라도 쓰는 방법이 서로 달랐다. 대체로 이를 대전(大篆)이라고 하며, 진시황이 전국을 통일한 다음 이사(李斯)에게 문자를 통일시켜 나온 것이 소전(小篆)이다. 이와 동시에 민간에서 예서(隷书)를 쓰기 시작하였는데, 이는 고문자를 간단하게 하자는 운동의 결정체로서, 전한 중기 이후에 예서만이 남게 되었다.

그러므로 전국 시대부터 전한 중기까지 적어도 약 200년 동안 전서와 예서가 함께 쓰였다. 현재 발견된 예서는 간독(簡牘)이나 백서(帛书)와 석비(石碑)에서 보이고 있다. 그리고 예서를 홀로 사용하게 된 것을 예변(隷变)이라고 하는데, 한자 발전에서 고금문(古金文)의 분수령으로 보고 있다. 위·진·남북조 시대에 이르러 행서(行书)와 초서(草书), 해서(楷书)가 나왔다.

대체로 한자의 수는 한대에 나온 『설문(说文)』에 9000여 자, 위·진·남북조 시대의 『옥편(玉篇)』에 2만 자, 송대의 『자전(字典)』에 3만 자, 청대에 나온 『강희자전(康熙字典)』에 4만 5천 자가 수록되었다.

한자는 획수가 많기 때문에 정자로 쓰려면 복잡하고 시간이 걸린다. 또한 발음을 알 수 없고 쓰기가 어려워 익히기가 어렵다. 그래서 1923년에 음에 따라 로마자를 채택하자는 운동이 일어났으나 별로 성과를 거두지 못하고, 1930년대에 상하이를 중심으로 라틴화문자 운동이 일어나 한어병음방안(汉语拼音方案)이 마련되었다.

그 후 중화인민공화국이 수립된 다음, 중국 문자 개혁 연구 위원회를 성립시키고 번잡한 글자[번체(繁体)]를 간단한 글자[간체(简体)]로 바꾸는 작업을 하였다. 그 결과, 1956년부터 간체자의 표준 격식인 한자간화방안(汉字简化方案)을 공포하였다. 이어 1964년에 간화자총표(简化字总表)를 공포함으로써 공식문자로 채택하여 그 사용을 강제화하였다. 한자 간화는 몇 번 수정을 거쳐 1988년에 상용자 2,500자를 완성하였으며, 상용한자 6,700자를 정하였다.

문자는 문화의 인프라여서 세계적으로 한자를 표준화하기 위하여 2001년 1월 말에 중국 최대의 정보 기술(IT) 기업 북대방정집단(北大方正集团)에서 우리나라와 일본, 베트남에서만 사용되는 한자를 포함하여 65,000자의 한자를 수록한 데이터베이스를 내놓았다. 중국 정부도 그해 9월에 국가 표준의 한자를 21년 만에 개정하여 약 4배 증가된 27,500자를 발표하였다.

3 中国饮食文化

< 훠궈(火锅) - 중국식 샤브샤브 >

< 회전가능한 원탁 >

중국은 유구한 역사만큼 풍성하고 독특한 음식 문화를 발달시켜 왔는데, 조리법만도 40여 가지가 넘고, 발 달린 것은 의자와 비행기 빼고 모두 요리한다고 할 정도로 식재료도 다양하다. 향신료 종류만 100여 가지라고 한다.

중국 요리는 지역별로 고유한 특성을 갖고 있는데, 산둥(山东, 산동)요리는 짠맛이 강한 편이고 해산물, 국물요리가 뛰어나다. 쓰촨(四川: 사천)요리는 맵고 톡 쏘는 맛으로 유명하며, 장쑤(江苏: 강소)와 저장(浙江: 절강)요리는 푹 삶거나 뜨겁게 끓이는 요리가 많다. 광둥(广东: 광동)요리는 다양한 해물을 튀기거나 볶는 경우가 많으며, 맛이 시원하고 담백하다.

수도인 베이징을 대표하는 요리로는 '베이징카오야(北京烤鸭)'가 있는데, 특수한 사육법으로 통통하게 살찌운 오리에 소스를 발라 통째로 구운 요리로, 바삭하고 기름기가 쪽 빠진 껍질이 독특한 풍미를 자랑한다. 이 외에 모든 중국 사람들이 사랑하는 '훠궈(火锅)'도 잘 알려진 중국 요리 중 하나인데, 각종 야채와 고기 등 다양한 재료를 펄펄 끓는 국물에 담가 익혀 먹는 샤브샤브의 일종이다.

중국에서는 회전이 가능한 원탁에서 판을 돌려가며 요리를 나누어 먹는 것이 특징이다. 중국 사람들은 여럿이 함께 식사하면 혼자 식사하는 것보다 더 맛있고 영양도 많이 섭취할 수 있다고 여긴다. 그래서 식사를 함께 하면서 친분을 쌓는 것을 중시한다.

　중국인의 주식은 쌀과 밀인데, 남방 사람들은 쌀밥과 떡, 북방 사람들은 소가 없는 찐빵, 만두, 국수 등을 주로 먹는다. 요리는 공용 수저를 사용해 개인 접시에 덜어서 먹고, 자신의 접시에 담은 음식은 남기지 않는 것이 예의이다. 또한 숟가락은 탕을 먹을 때만 사용하고, 밥을 먹을 때도 젓가락을 사용한다.

▷ 중국의 명절 음식

< 쫑즈(粽子) >

< 위에빙(月饼) >

1) 단오절(端午节) - '쫑즈(粽子)'

　초(楚)나라 시인 '굴원(屈原)'을 기념하는 날이다. 그는 자신의 정치적 이상을 실현하지 못하고 초나라의 멸망을 막지 못해 강에 투신했다. 사람들은 배를 타고 그의 시체를 찾으면서 물고기가 그 시체를 먹지 않게 찹쌀밥을 강물 속에 던졌다고 한다.

　여기에서 유래해 단오절에는 찹쌀밥에 고기, 버섯 등을 넣고 대나무 잎을 싸서 쪄낸 '쫑즈(粽子)'를 먹으며, 용머리로 장식한 배인 룽저우(龙舟)를 타고 경기하는 행사를 갖는다.

2) 중추절 (中秋节) - '위에빙(月饼: 월병)'

　음력 8월 15일은 가을의 중앙이라고 하여 '中秋'라고 한다. 둥글고 밝은 달을 보면서 집안이 화목하기를 기원한다. 둥근 달 모양의 '위에빙(月饼)'은 종류와 모양이 광장히 다양하며, 가격도 천차만별이다.

4 中国 '茶' 文化

중국인들은 차를 매우 좋아하는 민족으로 알려져 있다. 원산지는 중국 쓰촨성(四川省: 사천성)과 티베트 경계의 산악지대 일대이며, 당나라 때부터 민간에서 즐겨 마시는 대중 음료가 되었다고 한다. 중국의 명차는 200 여종이 넘으며 그 맛 또한 종류마다 특이하다.

중국인들이 평소에 즐겨 마시는 차는 녹차, 홍차, 자스민차, 우롱차, 보이차 등이다. 이런 차들은 도시의 크고 작은 찻잎 전문점에서 쉽게 구매할 수 있다. 그곳에서는 각종 찻잎의 질에 따라 등급별로 가격이 매겨져 소비자들의 상이한 수요를 만족시키고 있다.

찻잎의 종류에 따라 가격대가 천차만별이어서 적당한 가격에 질 좋은 차를 구입하려면 차에 대한 해박한 지식이 필요하다. 찻잎의 색, 형태, 맛, 찻잎의 산지, 찻잎의 채취시간, 가공방법 등을 모두 엄격히 따져야 하는데 차를 자주 마시는 중국인들도 전문지식이 없으면 쉽게 감정하지 못한다. 그래서 찻잎을 사는 가장 편한 방법은 관공서의 인증을 받은 찻잎 전문점을 이용하는 것이다.

중국의 전통 다도에서 용정차(龙井茶)와 우롱차(乌龙茶)는 각각 크기가 다른 모양의 찻잔을 사용하며, 물을 끓이는 방법도 다르다.

중국은 물론 우리나라에서도 가장 큰 인기를 끌고 있는 차는 푸얼차(普洱茶: 보이차)다. 푸얼차는 덖은 찻잎을 퇴적하여 발효시킨 흑차의 일종으로 흔히 오래 묵을수록 맛이나 향, 약효가 더 뛰어난 차로 알려져 오래된 차들은 비싼 가격으로 판매되고 있다. 지방과 콜레스테롤을 분해하여 다이어트에 좋고, 노화 방지와 함암 효과가 있다고 알려지면서 애용하는 사람들이 증가 추세에 있다.

윈난성(云南省)의 푸얼차는 기원전 2세기 초에 차마고도를 통해 한고조 유방이 조공으로 바친 차로부터 탄생했다. 원래 만들어질 때는 녹차형태의 산차(散茶)를 모차(母茶)로 쓴다. 그러나 차마고도를 통해 티벳으로 운반되는 5,000km 이상의 여정에서 차가 후발효가 일어나 흑색의 흑차로 변하는 것이다.

푸얼차 명성을 얻게 된 데는 서기 1732년 청나라 옹정제 10년에 황실 진상품인 공차(贡茶)로 선정되어 황제가 마시는 차로 널리 알려지면서부터이다.

▷ 중국의 다도 예절
　① 손님에게 차의 취향을 물어보고 차를 따를 때 너무 가득 채우지 않는 게 좋다.
　② 차를 마시는 사람은 찻잔을 왼손에 올리고 오른손으로 잔을 잡고, 마시기 전에 차의 색을 감상하며 향을 맡는다.
　③ 차를 한 번에 마시지 않고 조금씩 나누어 마신다.
　④ 마시고 나서 고마움을 표현하는 것이 예의이다.

5 京剧

홍색   흑색   흰색

황색   녹색   남색

경극(京剧)은 수도 북경지역의 희극이라는 의미로써, 중국 고전 희극의 전통에 기초하여 18세기 말에 북경지역에서 형성된 지방극의 일종으로 중국 전역에서 폭넓게 공연되고 있지만, 특히 베이징(北京)과 텐진(天津) 그리고 상하이(上海)가 경극의 중심지라고 할 수 있다.

경극의 기원은 호북(湖北) 지방의 황강(黃岡)과 황피(黃陂)에서 발생한 이황조(중국 청나라 때 발달한 희극)와 감숙(甘肅) 지방에서 발생한 서피조가 융합된 피황(皮黃 / '서피'와 '이황'을 함께 지칭한 것)이 건륭황제의 말년에 북경으로 유입된 후에 여러 지방극의 장점을 흡수 통합하여 세련되게 다듬어져서 지금의 경극으로 발전하게 되었다.

경극의 가창 및 대사는 주로 베이징 지역의 방언을 사용하고, 대본은 형태와 리듬을 중요하게 여기는 엄격한 규율에 따라 작성된다. 그 내용은 역사와 정치, 사회와 일상생활에 관한 이야기이며, 즐거움뿐만 아니라 교훈을 줄 수 있는 이야기를 담고 있다. 경극의 음악은 공연의 흐름을 결정하고, 특정한 분위기를 연출하며, 인물의 캐릭터를 형성하는 데 결정적인 역할을 하고 이야기의 진행을 이끈다.

일명 '베이징오페라(Peking opera)'라고도 불리는 '경극(京劇, 중국어 발음: 징쥐)'은 창(唱, 노래)·염(念, 대사)·주(做, 동작)·타(打, 무술 동작)의 4가지가 종합된 공연 예술이다.

경극의 음악은 '문장(文场)'과 '무장(武场)'으로 구성되는데, 문장은 가늘고 높은 음을 내는 징후(京胡, 호금(胡琴)의 일종)나 디지(笛子, 피리)와 같은 현악기와 관악기로 이루어지고, 무장은 다미안고(单面鼓), 징과 같은 타악기가 주된 특징이다. 손과 눈, 상체 및 발의 움직임을 이미 정해진 안무에 따라 그대로 연기하는 남녀 배우들의 정형화되고 상징적인 스타일이 경극 공연의 주된 특징이다.

전통적으로 무대 배경 및 소품은 최소한으로 사용한다. 배우의 의상은 대단히 화려하고, 과장된 얼굴 분장은 간결한 상징이나 색상, 문양을 이용해서 등장인물의 성격, 또는 사회적 지위를 표시한다. 경극의 전승은 대부분 거장이 전수생들에게 구술로 지도하거나 전수생들이 관찰과 모방을 통해서 기본적인 지식을 학습하는, 거장-전수생의 도제관계를 통해서 전승되고 있다. 경극은 중국 전통사회에서 전통극의 미학적 이상을 표현하고 있다고 인정되며, 중국 문화유산 중 하나로 널리 인정받고 있다.

경극의 의상은 극의 내용과 배우의 여러 정보를 전달하기 위해 정형성과 상징성의 표현 매체로 활용되는데, 경극 의상은 주로 명나라의 일상복을 기초로 하며, 송나라 원나라 복식을 참조하였으며, 이후 청나라 만주족 복식의 특징을 결합하여 발전하였다. 옷의 종류는 크게 망(蟒), 피(帔), 고(靠), 습(褶), 의(衣)로 나눌 수 있으며, 옷의 색에 따라 세부적으로 나뉘기도 한다.

6 少数民族

　　중국은 다수민족인 한족(汉族)과 55개의 소수민족으로 이루어진 다민족국가다. 한족이 중국 전체 인구[1] 가운데 약 91.1%를 구성하고 있고, 소수민족은 약 8.9%를 차지하며 쫭족, 만주족, 후이족, 먀오족, 위구르족, 몽골족, 조선족 등이 있다. 인구로는 10%가 채 안되지만, 소수민족이 자치하는 면적은 중국 전체 영토의 약 63.7%에 달한다.

　　중국에는 5개의 소수민족자치구(네이멍구자치구, 닝샤후이족자치구, 신장웨이우얼자치구, 시짱티베트자치구, 광시쫭족자치구)가 있으며, 30개 주, 120개 현에서 이들 소수민족의 자치를 허용하고 있다.

　　소수민족 중 1,000만 명 이상의 인구를 가진 민족은 중국 남부 광시쫭족자치구의 쫭족, 중국 동북부 지역의 만주족, 중국 서부에 삶의 터전이 있는 후이족이다. 쫭족(壮族)이 1,956만명 정도로 인구가 많은 편에 속하며 원래 퉁족으로 불렸다. 만주족은 랴오닝성(辽宁省: 요녕성), 지린성(吉林省: 길림성), 헤이룽장성(黑龙江省: 흑룡강성) 등 중국 동북부 지역에 터전을 잡고 살아온 퉁구스계 민족이다. 후이족(回族)

---

1) 중국 국가통계국의 '중국통계연감'에 따르면 2020년말 기준 중국 전체 인구 14억 1,178만명 가운데 한족(漢族)이 12억 8,631만명으로 91.1%를 차지했고, 소수민족은 1억 2,547만명으로 8.9%였다. 별도로 집계하는 특별행정구(홍콩 747만명, 마카오 68만명)와 타이완(2,356만명)을 포함한 총인구는 14억 4,350만명이다.

은 언어와 생활습관 등은 한족과 거의 똑같지만 이슬람교를 믿는다.

소수민족들이 사는 대부분의 지역은 가스와 석탄 등 천연자원과 삼림, 수력 자원이 풍부한 경제자원을 가지고 있기 때문에 중국이 산업화와 현대화정책을 추진해감에 따라 중국 경제에 없어서는 안 될 핵심적인 지역이다. 또한, 이 지역들은 대부분 러시아, 파키스탄, 아프가니스탄, 인도, 베트남, 북한 등 많은 국가들과 접경하고 있는 특수성 때문에 특히 전략적으로도 아주 중요한 의미를 가지고 있다.

중국 정부는 소수민족 정책으로 강경책과 유화책을 병행한다. 그러나 일관되게 한족 중심의 중화사상을 바탕으로 소수민족들의 일방적인 동화를 요구하였다. 중국 정부는 1949년 소수민족에 폭넓은 자치권을 부여해 이를 포용하기도 하였는데, 한족과는 달리 두 자녀 출산을 허용하고, 대학입학 시 우대점수 부여, 범죄에 있어서도 상대적으로 관대하게 처벌하였다.

중국 정부와 소수민족 사이에는 끊임없는 분쟁이 일어나고 있다. 2008년 3월과 2009년 7월 티베트와 신장 위구르 지역에서는 독립을 주장하는 대규모 민족시위가 있었다. 2009년 한족이 서부 개발붐과 관련하여 상권과 취업 기회를 독차지 한데서 위구르족의 봉기가 일어났다. 2011년 네이멍구 봉기는 광산 개발권을 쥔 한족과 유목으로 생계를 꾸리는 몽골족의 갈등으로 촉발되었다.

7 中国建築

1) 长城 [Chángchéng]

　　만리장성은 인류 최대의 토목공사라고 불리며 중국 역대 왕조들이 북방민족의 침입을 막기 위해서 세운 방어용 성벽이다. 명나라 때를 기준으로 연장 길이는 약 2,700㎞이며, 동쪽 산하이관(山海关)에서 서쪽 자위관(嘉峪关)까지 동서로 길게 뻗어 있다. 이에 중간에 갈라져 나온 지선들까지 합치면 총 길이가 약 6,259㎞에 이른다. 2009년 중국의 국가문물국은 동쪽 끝을 단둥시(丹东市: 단동시) 후산장성(虎山长城)으로 지정하며 연장 길이를 약 8,851km로 발표하였으며, 2012년에는 만리장성을 비롯하여 역대 왕조에서 건설된 장성들을 모두 포함한 길이를 약 21,196km로 발표하였다.

　　일반적으로 만리장성의 기원을 진(秦)나라 시황제(始皇帝) 때로 보는 역사가들이 많지만, 실제는 그보다 훨씬 전인 춘추시대(BC 770~BC 443)부터 북쪽 변방에 부분적으로 성벽이 건축되었다. 통일 왕국인 진나라가 들어서면서 북쪽의 흉노를 견제하기 위해 이들 성벽을 연결하고 증축한 것이다. 당시의 만리장성은 동쪽 랴오양(辽阳: 요양)에서 서쪽 간쑤성(甘肃省: 감숙성) 민현(岷縣)까지로 지금보다 훨씬 북쪽에 있었다.

만리장성이 현재 위치에 처음 축성된 것은 6세기 북제(北齊) 시대이다. 처음 건축될 무렵의 길이는 산시성(山西省) 리스현부터 보하이만(渤海灣)까지 약 1,500㎞였다. 이후 명(明)나라 때 현재의 규모와 모습을 갖추게 되었다. 명나라는 15~16세기에 만리장성에 대한 대대적인 개(改)보수 작업을 진행했는데, 당시 북방에 있던 몽골의 침입에 대비하기 위해서였다. 북방민족인 만주족이 세운 청(淸) 왕조에서는 군사적 가치가 없어 방치되어 있다가, 중화인민공화국 때 관광 목적으로 보수되어 지금에 이르고 있다.

만리장성 모두가 똑같은 구조와 재료로 만들어진 것은 아니다. 이중으로 축성된 곳도 있고, 성벽의 높이나 폭도 지역에 따라 차이가 있다. 대체로 서쪽보다는 동쪽이 견고하게 축성되어 있다. 성을 쌓은 재료는 햇볕에 말린 벽돌과 이것을 불에 구운 전(磚), 그리고 돌 등인데 동쪽으로 갈수록 더 단단한 재료를 사용했다. 성벽은 높이 6~9m, 평균 폭은 위쪽 4.5m, 아래쪽 9m이다. 100여 m 간격으로 망루를 설치하고, 군대를 주둔시켰다.

중국 역대 왕조들이 만리장성을 쌓은 가장 중요한 목적은 북방민족의 침입을 막기 위해서였다. 따라서 왕조의 성격에 따라 만리장성의 중요성이나 만리장성에 쏟는 정성도 달라졌다. 왕조가 공격적이었던 시기보다는 방어적이었던 시대에 만리장성은 더욱 중시되었다. 북방 경영에 열심이었던 당나라 때나 전 세계를 무대로 침략전쟁을 벌였던 몽고제국과 뒤이은 원나라, 만주에서 일어나서 만리장성 너머까지 다스렸던 청나라 때는 그 중요성이 크게 떨어지고, 따라서 개보수 작업도 거의 진행되지 않았다.

만리장성은 군사적인 역할 이외에 문화적으로는 유목문화와 농경문화, 중원과 변방을 가르는 경계선의 역할도 했다. 중국 역대 왕조들이 만리장성에 들인 노력과 비용에 비해서 방어벽으로서 역할은 크지 않았다는 평가도 적지 않다. 하지만 그 실효성에 관계없이 오늘날 만리장성은 중국을 대표하는 명물이 되었다.

2) 故宮 [Gùgōng]

　　정식명칭은 '구궁보우위안(故宮博物院: 고궁박물원)'이지만, '쯔 진청'이라는 옛 이름으로 더 유명하다. '천제가 사는 자궁(紫宮)과 같은 금지(禁地) 구역'이란 의미로 '쯔진청(紫禁城: 자금성)'이란 이름을 얻었다. 세계에서 가장 큰 고대 건축물로, 전체 면적이 72만㎡ 에 이른다. 약 20만 명의 노동력이 동원되었고 15년이라는 긴 세월에 걸쳐 1420년에 완성됐다. 청조의 마지막 황제 푸이까지 명·청대의 황 제 24명이 이곳을 거쳐 갔다. 황제가 의식이나 축전 등 대외적인 정무 를 책임지고 관리하던 장소인 외조와 황제의 개인적인 공간을 엿볼 수 있는 내정으로 나뉜다.

　　건축 당시 무려 700여 개의 건축물과 9,999개의 방이 있었으며, 105만 점의 희귀하고 진귀한 문물이 소장되어 있다. 1987년 유네스코 가 지정한 세계문화유산으로 등록되었다.

　　자금성의 정문인 우먼(午门: 오문)을 지나면 태화전, 중화전, 보화전 이 있는 외조가 있다. 건청문을 지나 내정으로 들어가면 건청궁, 교태 전, 양심전, 동륙궁, 창음각, 어화원, 신무문, 종표관을 볼 수 있다. 중 국에 현존하는 3대 구룡벽 중 하나를 자금성에서 볼 수 있다.

　　북경시의 중심부, 명·청 시대의 고궁을 박물관으로 한 것이다. 1912년 청조가 멸망한 후, 1914년 궁전건물 일부에 진열소가 차려지고 1925년 국경일에 고궁박물원이 개원되었다. 현재 태화전(太和殿)·중 화전(中和殿), 내정(內廷)의 건청궁(乾清宮)·양심전(养心殿), 3희당(三

希堂) 등이 청대의 상태로 복원·전관(展观)되고 있다. 또 동서무전(东西庑殿)은 역대 예술관, 내정 동편의 황극(皇极)전과 영수(宁寿)궁은 회화관, 성숙전(诚肃殿)·경인궁은 청동기관, 승건궁·영화궁은 도자(陶瓷)관, 종수(钟寿)궁·경양(景阳)궁에는 명·청 공예미술관, 낙수당(乐水堂)·이화헌에는 진보관(珍宝馆)등이 설비되어 있고, 또 수시로 특정의 테마에 의한 특별전도 개최된다.

청조의 황제가 수집한 서화, 청동기, 도자기 등의 정품(精品)은 대만에 있고(⇒고궁박물원[타이페이]), 현재는 주로 그 후 새로 수집된 미술품·고고 출토품과 궁전에 부속되어 있었던 가구 집기·공예품 등을 전시하고 있다.

< 94년 만에 야간 개장한 자금성 >

정월 대보름 밤을 맞아, 94년 만에 사상 처음으로 중국 베이징 자금성의 문이 열렸다. 2019년 2월 19일과 20일 이틀간 6000여명의 관람객이 자금성의 밤 풍경을 만끽했다.

자금성의 정문인 우먼(午门: 오문)은 화려한 불빛을 쏟아냈고, 황제가 관료들을 접견하던 태화전은 레이저 쇼의 무대가 됐다. 전각과 전각 사이에는 중국 정월 대보름 전통 풍습에 따라 홍등이 내걸렸고, 벽과 지붕은 한시와 중국의 옛 그림이 내걸리는 스크린으로 변신하는 등 800여 개의 조명이 자금성 곳곳을 비췄다.

3) 开平 碉楼 [Kāipíngdiāolóu]

광둥성(广东省) 카이핑(开平市)에는 유네스코 세계유산으로 지정된 댜오러우(碉楼)가 있다. 댜오러우는 다층 구조의 방어형 망루 모양 주택으로 중국과 서양의 건축과 장식을 멋지게 혼합한 복합 건물이다.

댜오러우는 청나라 말기 남아시아, 호주, 북아메리카 등으로 이민을 떠났던 화교들이 고향에 돌아와서 지었던 건축물로 도적들의 약탈에 대비하기 위해 방어적 목적이었기 때문에 다층 구조로 아래는 방어와 하인들의 공간으로 꾸몄고 위층은 본인들의 주거 공간 및 조상을 기리는 공간으로 장식했다. 제대로 된 설계도와 숙련된 서양 건축 기술자는 없었지만, 사진과 그림을 보며 건물을 완성했다.

이 건물들은 세 가지 형태로 나눌 수 있는데, 여러 가족이 공동으로 지어 임시 피난처로 사용한 건물, 부유한 가족이 독자적으로 지었으며 방어 시설을 갖춘 주거용 건물, 그리고 감시용 망루이다. 그럼에도 주변 경관과 잘 어울리는 멋진 풍경을 선사한다.

세계유산으로 등재된 것은 주로 1920~30년대에 세워진 것들이다. 카이핑에 가면 곳곳에서 댜오러우들을 볼 수 있는데 가장 많았을 때 3,000여 채가 있었다고 하고 지금 남아있는 것은 1,800여 채이다.

4) 东方明珠 [Dōngfāngmíngzhū]

상하이를 상징하는 랜드마크로 푸둥(浦东)지역[2)]에 있는 높이 468m 의 방송탑이다. 정식명칭은 동방명주전시탑(东方明珠电视塔). 1990년 착공하여 1994년 완공되었으며, 11개의 크고 작은 구(球)로 이루어져 작은 진주가 옥쟁반인 황푸강(黄浦江)에 떨어지는 이미지를 나타내고 있다.

동방명주는 크게 3개의 전망대를 가지고 있다. 지면으로부터 90m 지점에 샤치우티(下球体) 전망대, 259m 지점에 샹치우티(上球体) 전망대, 351m 지점에 타이콩창(太空舱) 전망대가 있다. 타이콩창 전망대에 오르면 황푸강이 한눈에 들어온다. 샹치우티 전망대에는 투명바닥과 아시아 최고의 공중회전식 식당이 있다. 1층에는 상하이 도시역사박물관이 있다.

내부의 초고속 승강기는 탑승 후 최고층 전망대까지 40초 만에 도착한다. 한때 세계에서 가장 빠른 엘리베이터로 기네스북에 오르며 화제를 모았다.

동방명주탑은 상하이의 야경을 더욱 특별하고 아름답게 장식한다. 관광객들은 주로 강 건너 와이탄(外滩)의 강변 산책로에 자리를 잡거나, 황푸강 유람선을 타고 동방명주탑의 야경을 감상한다.

---

2) 상하이는 황푸강을 사이에 두고 강 서쪽을 푸시(浦西), 동쪽을 푸둥(浦东)이라 한다.

5) 鸟巢[Niǎocháo](베이징올림픽 주경기장)

　　2022 베이징 동계올림픽·패럴림픽 개막식과 폐막식이 열릴 국가경기장 냐오차오의 공식 명칭은 베이징국가체육장이다. 새가 나뭇가지를 얽어 둥지를 짓듯이 뼈대를 얽은 모습 때문에 '새둥지'라는 뜻으로 '냐오차오(鸟巢)'라고 부른다.

　　총면적 25만 8000㎡에 길이 300m, 너비 220m, 높이 69.2m이며, 약 9만 명을 수용할 수 있다. 전통적인 아름다움을 살리면서도 기능적으로 설계되었는데, 빗물과 토양을 재활용할 수 있도록 했다.

　　2008년 8월 8일 베이징올림픽 개막식을 비롯하여 24일 폐막식이 거행되고, 육상과 축구 경기장으로 사용되었다. 2022 동계올림픽에 사용하고자 2021년 10월에 개조공사를 마쳤다.

　　냐오차오는 마오주석기념당, 인민영웅기념비, 톈안먼(天安门), 쯔진청(紫禁城)을 잇는 베이징 중축선(中轴线)[3]의 북쪽 끝에 있다. 이를 통해 한때 세계의 중심에 있었던 중국의 국가적 위상을 다시 한번 더 높이고자 한 중국의 국가적 야망을 엿볼 수 있다.

---

3) 중축선 : 문자 그대로 해석하면 '중앙의 축이 되는 선'을 말한다. 중국 고대 건축학에서는 여러 건축물의 평면상 전체 형세를 중앙에서 관통하는 동서 대칭의 세로축을 가리키는 말로 쓰였다.

8 中国의 名胜古迹

1) 张家界 [Zhāngjiājiè]

< 张家界(장가계) >

< 上天梯(상천제) >

　　중국의 대표적인 여행 도시 가운데 하나로 우링산맥의 중앙에 있다. 츠리(慈利)현, 용딩(永定)현, 쌍츠(桑植)현 등을 포함하며, 인구는 대략 170만 명이다. BC 221년부터 도시가 시작되었으며, 대룽(大庸)이라는 지명으로 불려왔다. 1988년 5월 지급시(地級市)로 승격하였고, 1994년 4월 4일 장자제시(张家界市)로 명칭을 바꾸었다.

　　자연경관이 뛰어나 1982년 9월 장자제가 중국 최초로 국가삼림공원이 된 뒤, 1988년 8월에는 우링위안(武陵源)이 국가 중요 자연풍경구로 지정되었고, 1992년에는 장자제(张家界)국가삼림공원, 삭계욕풍경구, 텐쯔산(天子山)풍경구가 우링위안(武陵源)자연풍경구와 함께 세계자연유산으로 등록되었다.

　　주된 산업은 관광업이며 중국 전역과 한국, 일본 등 아시아 지역에서 관광과 투자를 위해 사람들이 많이 찾는다.

2) 桂林 [Guilín]

< 계림의 카르스트 지형 >

< 龙脊梯田(용척제전) >

　　주장(珠江) 수계의 구이장(桂江)에 임한 하항(河港)으로, 일찍이 진(秦)나라 때부터 발달한 화난(华南) 최고(最古)의 도시이며, 한때 광시성(广西省)의 성도(省都)가 된 적도 있다. 계림의 명칭은 이곳이 예로부터 계수나무가 많은 지역으로 '계수나무꽃이 흐드러지게 피는 곳'이라는 뜻이다.

　　빼어난 풍치로 예로부터 시인과 화가들의 글과 그림의 소재가 되어왔다. '계림의 산수는 천하제일이다(桂林山水甲天下)'라는 명성을 들을 정도로 세계적으로 유명한 관광지 중의 하나이다. 특히 독특한 모양의 기암괴석으로 유명한데, 이 기암괴석은 카르스트지형인 이곳에서 지각변동으로 인해 해저가 지형적으로 돌출하여 만들어진 것이다. 이런 기묘한 형태의 지형은 각종 영화의 배경장소로도 이용되었으며, 중국 영화《소림사(少林寺)》도 이곳을 무대로 한 것이다.

　　龙脊梯田(용척제전)은 용의 등줄기 같은 계단식 논이다. 계림시(桂林市)에서 약 77㎞ 떨어져 있으며, 중국 광시쫭족자치구(广西壮族自治区) 소수민족인 요족(瑤族) 마을 사람들이 농사를 짓고 있다. 요족(瑤族)인들은 자기들만의 전통의상을 입으며 여자들은 머리를 기른다.

3) 九寨沟 [Jiǔzhàigōu]

< 주자이거우 >

< 진주탄폭포 >

주자이거우(九寨沟: 구채구)는 쓰촨성(四川省) 북쪽 장족(藏族: 티베트족) 자치주에 위치한 산악지대(해발 2140~4558m)로 총면적 720㎢에 이른다. Y자 모양의 협곡을 따라 약 50km에 걸친 카르스트 지형에 많은 호수와 폭포, 계곡 등 석회암과 원시림이 어우러져 '인간 세계의 선경(仙境)', '동화 속 세계'라고도 불린다. 1992년 유네스코 세계자연유산으로 등록되었다.

이곳은 3개의 골짜기 수이정거우(树正沟: 수정구), 르저거우(日则沟: 일즉구), 저차와거우(则渣洼沟: 측사와구)로 나뉘는데, 특히 수이정거우에는 수려한 명소들이 한데 모여 있다.

'지구에서 가장 아름다운 물빛'이라고 하는 주자이거우는 넓고 잔잔한 호수들로 온통 뒤덮여 있다. 오랜 세월 탄산칼슘의 물이 얼었다 녹았다를 반복하면서 호수마다 아름다운 색으로 빛나게 되었다. 장족은 이 호수들을 108개의 '비췻빛 바다(翠海[4])'라 부른다.

오채지(五彩池)는 다섯 가지 영롱한 색깔을 뿜어내는 호수라 하여 붙여진 이름이며, 석회암이 녹으면서 생성된 작은 연못 693개가 독특한 빛깔을 연출한다. 만년설이 녹아내린 황룽산(黄龙山, 황룡산)의 주변 풍경과 어우러져 환상적인 광경을 선사한다. 황룽산에는 케이블카가 있어 높은 곳(3,100m)에서 설경과 울창한 나무들로 빽빽한 산책로

---
4) 장족은 호수를 海(바다 해)라고 부른다.

를 즐길 수 있다.

오채지에서 1km 올라가면 장해(長海)다. 이 곳에서 가장 큰 호수로 길이가 4.5km에 달한다. 나뭇가지가 오른쪽으로만 자라는 특이한 소나무가 멀리 보이는 설산(雪山)과 절묘한 조화를 이룬다.

우화하이호(五花海, 오화해)는 햇빛에 비친 호수 빛깔이 담황색, 녹색, 푸른색, 검푸른색 등으로 다채로워 가장 아름다운 호수로 손꼽힌다. 전체적으로 꼬리를 접은 공작 모양이며, 호수는 물론 주변 경관도 무척 아름답기로 유명하다.

폭이 310m가 넘는 진주탄(珍珠灘)폭포는 그야말로 거대한 커튼이 펼쳐진 것 같은 모습이다. 쏟아지는 물방울이 햇빛에 반사되는 모습이 진주 같다고 해서 이런 이름이 붙었다고 한다. 3단으로 떨어지는 모습이 장관인 시옹마오해(雄猫海)[5]폭포, 티베트어로 웅장하다는 뜻의 뉘르랑(諾日朗: 낙일랑)폭포 등도 놓치지 말아야 할 볼거리다.

주자이거우의 명소를 둘러본 후 내려오는 중 형형색색의 깃발이 내걸린 마을이 보인다. 9개의 장족(藏族: 티베트족) 마을 중 가장 크다는 수정자이(樹正寨, 수정채)다. 주자이거우(九寨溝)라는 이름도 9개의 장족 마을에서 유래한 것이다. 마을의 대형 극장에서는 장족의 전통문화 공연을 상영한다.

---

5) 판다곰이 내려와 물을 마신다는 호수.

4) 西安 [Xī' ān]

< 진시황릉의 병마용 >

시안(西安: 서안)은 중국 산시성(山西省)의 성도(省都)로 한(汉), 위 (魏), 서진(西晋), 수(隋), 당(唐) 시대에는 국도인 장안성(长安城)이 있 었다. 진(晉)의 시황제는 위하 북안 국도 함양성과는 별도로, 이 땅에 광대한 대규모의 아방궁을 비롯하여 수많은 건축을 했다.

전한 고조는 현재 장안의 서북에 장안성(长安城)을 쌓아 B.C. 200년 낙양(임당)에서 천도하였다. 이후 위(魏), 진(晉)의 수도로서 서경이라 불렸다. 북위(北魏)가 분열한 후 서위(北魏)가 수도를 두었고 다음 북 주(北周)로 이어졌다.

수(隋)는 전국통일이 이루어진 문제의 개황(581-600) 초년에, 한의 장안성 동남방에 신도를 건설, 대흥성이라 불렀고 당은 다시 이를 장 안성이라 하였다. 태종 때 대명궁, 현종 때 흥경궁을 짓고 인구 100만 을 넘는 세계 최대의 국제도시가 되었다.

당말(唐末)에 와서 황폐되고 천우원년(904)에는 낙양(洛阳)천도를 꾀 하여 장안의 주요 건축을 모조리 해체, 재료를 수로로 낙양에 운반해 서 장안성(长安城)은 순식간에 폐허가 되었다.

명대 초(14세기 후반), 당대의 황성전역과 궁성남반, 양자의 동쪽 소지역을 성벽으로 둘러싸서 현재의 시안성이 되었다. 그 규모는 당대

외곽성의 6분의 1에 불과하다. 당대의 유구로는 자은사 대안탑, 추복사 소안탑, 향적사탑, 홍교사 현장탑이 있다. 근래에 다시 대명궁, 홍경궁, 청룡사적도 발굴되었다.

진시황릉은 1000여 년 동안 13대 왕조의 수도였던 시안(西安) 근교에 위치하고 있으며, 이곳에서 발굴된 8000여 개의 병마용(兵马俑)은 흙으로 실물 크기의 말과 사람 형태를 빚은 것인데 어느 하나 똑같은 것이 없다고 한다. 39년 만에 완공되었다고 하는 이 능은 중국 최대 규모로서 세계 8대 미스터리 중 하나로 꼽힌다.

묘전(前) 신도(神道)의 좌우에는 석인, 석마, 석사자가 서고 태종 소릉의 육준과 고종·측천무후의 건릉에 있는 석상이 유명하다. 근래에 건릉배총의 영태공주묘, 장회태자묘 등이 발굴되었다. 그 외 시안 주변의 2200여기의 수·당묘에서 200여점의 묘지(墓志)와 삼채명기, 벽화가 발견되었다. 성내 남쪽에는 구공자묘를 이용한 산시성박물관이 있어 출토문물의 보관 진열에 힘쓰고 있고, 그 일부에 비와 묘지를 많이 소장하는 시안비림이 있고 반파유적의 촌락지도 같은 박물관의 관할 하에 있다.

병마용은 진시황릉의 무덤 부장품으로, 갱도 안에 있는 흙을 구워 만든 수많은 병사와 말 등의 모형을 지칭하는데 전사, 전차, 말, 장교, 곡예사, 역사, 악사 등 다양한 사람과 사물을 표현했다. 발굴한 네 갱도 중 세 곳에 모두 병사 8,000여 점과 전차 130대, 말 520점이 있을 것으로 추정하며, 아직 발굴되지 않은 상당수가 흙 속에 묻혀 있다.

병마용은 살아있는 듯한 모습의 등신대로 제작되었으며, 얼굴 부위에는 채색한 흔적이 있다. 병사들의 특징이 잘 살아있는 것으로 보아 실제 모델이 있었을 것으로 추정된다.

< 연화탕(莲花汤) 과 해당탕(海棠汤) >

화칭츠(华清池: 화청지)는 시안시(西安市)에서 북동쪽으로 약 30km 떨어진 여산(骊山)에 있는 온천지다. 유적의 발굴 결과에 따르면 사람들이 이곳의 온천을 이용한 것은 약 6,000년 전부터라고 한다. 그러다가 약 3,000년 전, 서주(西周)의 유왕(幽王)이 이곳에 궁을 지으면서 역대 왕실의 보양지로서의 역사가 시작되었다. 진나라(秦) 시황제(始皇帝), 한나라(汉) 무제(武帝) 등 여러 황제들도 별궁을 두고 이용했다고 한다.

특히 화청지는 당(唐)나라 현종(玄宗)과 양귀비가 생활했다는 당나라 왕실 원림으로 유명하다. 화청지라는 이름도 당 현종이 이곳에 궁을 만들어 화청궁이라는 이름을 붙인 것에서 유래한다.

두 사람이 사랑을 나눈 연화탕(莲花汤)이나 양귀비 전용 욕실인 해당탕(海棠汤) 등이 발굴되어 일반인에게 공개되고 있다. 해당화의 모양을 닮아 이름 붙여진 해당탕은 양귀비 전용 욕탕답게 귀비지(贵妃池), 부용탕(芙蓉汤)이라는 별칭이 있다. 이 밖에 태자탕(太子汤), 관리들의 욕실이라는 상식탕(尚食汤)도 있다. 후대에 만들어진 양귀비상이나 두 사람의 침실이었던 비상전(飞霞殿)도 볼만하다.

고대부터 수려한 풍경과 질 좋은 온천수로 유명했던 장소이므로 당 현종과 양귀비의 러브 스토리에 관심이 없다 해도 충분히 들러볼 만하다.

5) 云南省 [Yúnnánshěng]

< 위룽쉐산(玉龙雪山) >

< 차마고도 박물관(茶马古道 博物馆) >

중국의 서남부인 윈난성(云南省: 운남성)은 서남쪽으로 미얀마, 남쪽으로 라오스, 동남쪽으로 베트남과 국경을 맞대고 있고, 서북쪽으로는 티베트와 접해 있다.

윈난성은 해발 2,000m에 달하는 고산 지대라서 일반 영토와 격리된 소수민족[6]의 독특한 문화가 살아있을 뿐만 아니라 자연 풍광 역시 아름답기 그지없다. 전형적인 고산 기후를 가진 곳으로 사계절 모두 적정한 온도를 유지하고 있다. 그래서 사계절 꽃이 지지 않는 도시라고도 한다.

대표적인 관광도시로는 쿤밍(昆明: 곤명)과 리장(丽江: 여강), 다리(大理: 대리)가 있다.

윈난성의 주도인 쿤밍(昆明)에는 스린(石林: 석림)이 유명하다. 이름 그대로 뾰족뾰족 솟은 돌들이 마치 숲을 이룬 것 같은 석림은 총면적 350k㎡에 달하는 장엄한 경관으로 보는 사람을 압도한다. 윈난영상가무(云南映像歌舞)는 중국 3대 공연 중 하나로 꼭 봐야할 공연이다.

리장(丽江)에 가면 장엄한 위룽쉐산(玉龙雪山: 옥룡설산)과 호도협을 체험할 수 있다. 호도협은 위룽쉐산(玉龙雪山, 5,596m)과 하바쉐산(哈

---

6) 윈난성에는 모두 52개 민족이 거주하고 있어 민족이 가장 많은 성이며, 소수민족이 총 인구의 38%를 차지하고 있다.

巴雪山, 5,396m)을 끼고 이어지는 16km의 협곡이다. 이 협곡의 길은 먼 옛날부터 차마고도(茶马古道)의 일부로 불려왔다. 차마고도는 실크로드보다 오래된 교역로로, 중국 당나라와 티베트 토번 왕국이 차(茶)와 말을 교역하던 데서 이름이 유래했다. 호도협 트레킹은 평균 해발고도 4,000m가 넘는 험준한 길을 걷는 것으로 BBC가 선정한 세계 3대 트래킹 코스 중 하나이다. 손쉽게 즐기려면 차(车)를 타고 들어가서 데크길을 걸으면 된다. 长江(장강, 여기서는 금사강이라 부름)의 물소리가 호랑이가 포효하는 소리처럼 우렁차다.

위룽쉐산(玉龙雪山)은 리장(丽江) 서쪽에 있는 5,596m 높이의 산으로 히말라야 산맥의 일부이다. 13개 봉우리로 이루어져 있으며, 산에 쌓인 눈이 마치 한 마리의 은빛 용이 누워 있는 모습과 비슷하다 하여 '옥룡설산'이라는 이름이 붙었다. 위룽쉐산은 서유기(西游记)에서 손오공이 갇혀 벌을 받았다는 산으로 전해진다. 해발 3,000m 지점까지 등산로가 나 있고 4,500m까지는 케이블카가 연결되어 있으며 케이블카에서 전망대까지는 원시림 사이로 산책로가 있다. 해발 4,450m 지점에 윈사핑(云杉坪: 운사평)이 있는데, 삼나무 원시림으로 둘러싸인 넓은 평야이다. 여기에서는 위룽쉐산을 배경으로 펼쳐지는 '인상리장(印象丽江)' 공연은 장이머우(张艺谋: 장예모) 감독이 연출한 작품으로 대단한 스케일을 자랑한다.

리장(丽江)과 다리(大理)의 오래된 주택 보존 지구인 고성(古城)은 밤낮으로 아름다워 세계 젊은이들이 모이는 새로운 성소가 됐다. 밤에는 상점마다 붉은 등불로 불야성을 이룬다. 리장고성은 '센과 치히로의 행방불명'의 모티브가 된 곳이라고 한다.

수허고전(束河古镇: 속하고진)에 있는 차마고도박물관(茶马古道博物馆)과 나시족(纳西族: 납서족)의 성지인 옥수채(玉水寨)도 가볼 만하다.

6) 敦煌 [Dūnhuáng]

< 막고굴(莫高窟) >

< 웨야취안(月牙泉) >

둔황(敦煌: 돈황)은 간쑤성(甘肅省: 감숙성) 북서쪽 끝에 있으며. 타림분지 동쪽의 당허강 하류 사막지대에 발달한 오아시스 도시이다. 중국과 중앙아시아를 잇는 실크로드의 관문으로, 고대의 동서교역·문화교류 및 중국의 서역 경영의 거점이 되었던 곳이다.

유네스코 세계문화유산인 막고굴(莫高窟)은 둔황의 밍사산(鳴沙山: 명사산) 동쪽 절벽에 남북으로 약 1.8km에 걸쳐 조성된 석굴군이다. 약 1천여 개의 석굴 중 492개만이 발굴돼 일반에 공개되고 있다. 동굴마다 빈틈없이 그려진 벽화들의 내용은 초기에는 민간신화를 주제로 하고 있으며 그 후 불교가 전해지고서는 석가의 선행, 열반상 그리고 사후 극락세계를 묘사하고 있다.

웨야취안(月牙泉: 월아천)은 밍사산 자락에 있는 오아시스로 초승달 모양의 호수가 있어 붙여진 이름이다. 모래언덕에 올라가 바라보면 웨아취안의 멋진 모습을 볼 수 있다.

밍사산(鳴沙山: 명사산)에 오르면, 흰 모래사막이 끝도 없이 펼쳐진 모습과 바람이 한 방향으로 불어와서 생긴 모래 능선이 하늘과 어우러진 멋진 풍경이 기다린다. 또한 둔황시 전경도 볼 수 있다. 정상까지 낙타를 타고 올라가서 모래 썰매나 사륜오토바이, 행글라이더를 타는 경험도 할 수 있다.

| 후기 - 감사의 글

진주 한 알 한 알이 생기기까지 많은 고통과 아픔을 감수해야 하듯 우리의 인생도 그런 것 같습니다.

다년간의 교학경험으로 다져진 교학의 경험이 진주 한 알 한 알처럼 엑기스로 녹아있는 듯한 이 한 권으로 중국어를 쉽게 마스터할 수 있도록 구성했습니다.

중국어로 인하여 여러분들의 인생이 더욱 영롱히 빛나시길 기도드리며, 이 책이 그렇게 되기 위한 축복의 통로가 될 수 있기를 바랍니다.

"중국국가정부장학생" 이라는 제 생애 큰 기적을 베풀어 주시고, 여기까지 인도하여 주신 하나님 아버지께 깊은 감사를 올려드립니다. "영혼 구원과 사랑"을 위하여 이 책이 선한 도구가 되게 하여 주시고 축복의 통로로 귀하게 사용되어지길 간절히 소망하며, 모든 감사와 찬양과 영광을 하나님께 올려 드립니다.

오늘의 이 자리에 있기까지 도움을 주신 고마우신 분들(김현철 교수님, 노혜숙 교수님, 박성주 교수님, 양동숙 교수님, 이규갑 교수님, 못为善 등을 비롯하여 선·후배님들)께 감사의 마음을 전해 드리고 싶습니다.

사랑하는 부모님과 특히 하늘나라에서 안식하고 계시는 존경하는 아빠와 조언자로서의 역할도 잘 해주고 이 책의 문화편도 꼼꼼히 검토해 준 듬직한 남편 윤병근님, 감수를 흔쾌히 승낙해 주신 서미령 교수님, 날마다 기도로 지원하여 주시는 많은 분들께 감사의 말씀을 전해 드리며, 개정판을 출판하여 주신 나눔사 사장님과 직원분들께도 진심으로 감사드립니다.

승리의 고지를 향한 여러분들의 건승을 기원합니다. 加油(화이팅)!!^^

2023년 2월
성은창의인재교육 연구소에서
중국어로 행복을 꿈꾸는 이들을 위해 기도하며
李 周 殷